モンテッソーリ教育
が教えてくれた

「信じる」子育て

子どもの伸びる力
ってスゴイ！

モンテッソーリ教師
あきえ

すばる舎

はじめに

子どもを授かって、子育てが始まると次から次へと新しい悩みが出てきて、「どうしたらいいのだろう」と迷ったり、悩んだりする日々。

子どもの成長を助けたいけれど、どうやってかかわったらいいのだろう。

どんな風に声を掛けたらいいのだろう……。

そんな風に悩むことはありませんか?


子育ては、みなさん当たり前のようにやっていますが、実はとても奥が深く、「命が育つ」お手伝いでもあります。

何か新しいことを始めようとしたときには、それに対しての知識が必要なように、子育てにおいても、「子ども」のこと、かかわり方のポイントなどを知っていることで、ぐっとラクに、楽しくなることがあります。


ご挨拶が遅れました。私は現在、モンテッソーリ教師あきえとして「子どもが尊重される社会」を実現するために、モンテッソーリ教育を子育てに落とし込んだ情報を発信したり、セミナーを開催したりしている元・保育教諭です。

プライベートでは、一児の母であり、みなさまと同じ一人の親です。

幼い頃から、子どもが大好きで保育士になることをずっと夢見てきました。

しかし、念願の保育士になり、実際に働き始めると、期待とは裏腹に「大人主導」の環境で、「個」よりも「集団」に重きが置かれている現実にショックを感じ、「日本の教育のあり方」に強い疑問を抱くようになりました。

そんな折、モンテッソーリ教育に触れる機会があり、考え方を知れば知るほど、自身が抱いていた疑問が解かれていくような感覚になり、これからの教育に必要なのではないかという思いになりました。

そして、念願だった保育士の職を辞め、本格的に「モンテッソーリ教育」を学ぶことにしました。

モンテッソーリ教育の本質的な考えを学べば学ぶほど、その考えを「子どもにかかわる多くの人に伝えたい」という思いが強くなり、今に至ります。

本書では、日頃から子育て中のお母さん、お父さんからいただくお悩みの中でも特によくある事例を取り上げ、事例ごとにモンテッソーリ教育に基づいた子どもの捉え方や接し方をご紹介しています。

とてもありがたいことに、活動をする中で、「もっと早く知りたかった」「知ることができて、子育てが楽しくなった」というお声をたくさんいただくようになりました。

最初は、右も左もわからない子育て。

でも、そこに「子どもってこういう存在なんですよ」「こういうことが大切だから、こんなことを意識するといいですよ」などの知識というエッセンスが加わるだけで、視界が良好になり、心に余裕が生まれることがあります。

残念ながら、この本を読むだけで「突然子どもが変わる！」という魔法のようなことは起こりません。

しかし、この本を読んでいただくことで、「子ども」のことがわかり、子育てで大切にしたいことが見つかる。

そして、「子ども」へのまなざしが変わり、子どもへのかかわり方が変わっていく。

すると、結果として子どもの姿が違って見えたり、それに影響を受けて本当に子どもの姿が変わっていったりするということが起きます。

この本をきっかけに、日頃抱えているお悩みが解決したり、子育てで大切にしたいことが見つかったりして、子どもの育ちを助ける「子育て」が、みなさまにとって幸せなものになりましたら幸いです。

モンテッソーリ教師あきえ

目次

第1章 0-6歳の子育てに「信じる」ことが大切な理由

無意識
意識

第2章

イライラ&焦る！育児でよくある悩みとその対応

やだー!!
まだ遊ぶー!!
そうだよね
まだ遊びたいよね

第3章

日常生活の「できる」が増える親のかかわり方

第4章 人との関係や言葉遣いで気になること

あーっとね
(あとでね)

すごーい!!
たくさん咲いてるね
この色がキレイだね

第5章

その子の「育ちを助ける」子育てを

第1章

0-6歳の子育てに「信じる」ことが大切な理由

大人から信じてもらえることで子どもは大きく成長できる

「子ども」は大人にとってどんな存在？

あなたにとって「子ども」とはどんな存在ですか？

「子育て」という子どもの育ちを助ける作業の中で、「子ども」をどう捉えているのかは、とても重要で大切なポイントです。

これから読み進めていただく前に、まず「子ども」とはどんな存在なのかを一緒に確認してみましょう。


子どもという存在は私たち大人より立場が下なのでしょうか？

それとも上？　答えはどちらでもありません。**子どもは大人と「対等」な存在**です。

確かに、私たち大人は子どもよりも先にこの世界に生まれています。

この世界のことを子どもより何倍も多く知っていますよね。

しかし、子どもも「人格を持った一人の人間」です。

だからこそ、**子育てにおいて何よりもまず大切なことは「子どもを尊重して信じること」**。「子どもにリスペクトを持って、子どもの育ちを信じ、一人の人間として対等にかかわる」という大人の姿勢が大切なのです。

大人はあくまでもサポート役

「子育て」は、一度切りで失敗が許されない重大な作業だと思われがちです。そのような思いから「しっかり育てないと」「この子が恥をかかないように、しつけないと！」という責任を感じることがあるかもしれません。

しかし、私たち大人が子どもにできることは、思っているより多くはないのです。

では、私たち大人にできることはどんなことでしょう。それは、

・子どもを知り、
・子どもを尊重し、
・子どもを信じて、
・子どもの育ちを支える

ということです。

子どもはこの世界に生まれ、一人の人間として生きていけるよう、「自立」に向かって自らを発達させていきます。

子どもの「自立」というストーリーの主役は、大人ではなく、他の誰でもない子ども自身です。私たち大人が、それを代わりに行うことはできません。

私たち大人はあくまでサポート役。**私**

たち大人の役割は、この世界に先に生まれた存在として、子どもが自ら育とうとするのを見守り、ときに手助けすること。

そして、子どもが自らの人生のスタートを自分の足で一歩ずつ進んでいくことができるように、子どもが進むのを後ろから、ときには横で、ときには半歩先に見せながら、応援してあげることなのです。

大人の「信じる」力が子どもの成長を後押しする

人生初期の乳幼児期は、これから人間として生きていくための土台作りをする時期です。

この世界に生まれたとき、人間としての「身体」は出来上がっていますが、まだその身体を自分の思うように動かすことはできませんよね。

それは、まだ人間としての「精神」的な部分が出来上がっていないからです。

乳幼児期は、まさにこの「精神」的な部分を自ら創り上げる重要な時期なのです。

そのために、全世界、どの国の、どの文化の、どの時代に生まれる子どもにも**「自ら育つ力」**が備わっています。

どのような力なのかについては、のちほど詳しくご紹介しますが、この「自ら育つ力」があるからこそ、子どもは誰に何を言われなくても自分を創っていくことができるのです。

子どもの育ちを支えるうえでは、子どもの「自ら育つ力」を信じ、その育ちを助ける大人の姿勢が欠かせません。

子どものことがどんなに可愛くても、私たち大人が代わりに子どもを自立させてあげることはできません。子どもが自分で成し遂げる他ないのです。

しかし、そのためには支えが必要です。だからこそ、子どもを無条件に信じることが大切なのです。そうすることで、子どもに自信と力を与え、子どもはそれらに支えられて自分の力で発達していくことができます。

「どうせできないから」「子どもなんて」と子どもの力を見くびるのではなく、まずは子どもを信じることから始めてみましょう。

その大人の「信じる」力が、子どもの成長を大きく後押しするパワーに繋がっていきます。

子育てにモンテッソーリ教育をおすすめするわけ

モンテッソーリ教育を知っていますか？

この本を手に取ってくださった方の中には、すでにモンテッソーリ教育について知っている方もいれば、初めて聞いた！　という方もいると思います。

モンテッソーリ教育は、今から約１１０年前にイタリアで、マリア・モンテッソーリという女性医師によって子どもを観察することで築き上げられた教育方法です。

みなさんは、モンテッソーリ教育にどんな印象をお持ちでしょうか？　モンテッソーリ教育を受けた人物に優秀な方が多いこともあって、モンテッソーリ教育に対して「早期教育」「英才教育」などの印象をお持ちの方も少なくないかもしれません。

しかし、モンテッソーリ教育は、決して「天才を育てる」だとか「子どもの知能を伸ばす」ことを目的とした教育方法ではありません。

子どもの発達の特徴や原理を理解し、適切な環境を用意して、必要なかかわりをし、子どもが自ら育っていくのをお手伝いする教育方法なのです。

そして、**モンテッソーリ教育は、「子どもを尊重して信じる」ことを基盤として理論や方法が築き上げられている**のです。

モンテッソーリ教育をおすすめする二つの理由

私が子育てにモンテッソーリ教育を取り入れることをおすすめする理由は、大きく分けて二つあります。

❶子どもが生きる力を獲得できる

❷大人自身も子育てをしながら大きく成長できる

一つひとつ見ていきましょう。

❶子どもが「生きる力」を獲得できる

子育てにモンテッソーリ教育の考え方を取り入れることをおすすめする一つ目の理由は、子どもがこれからの人生で生涯使う「生きる力」を獲得できるからです。

モンテッソーリ教育は、子どもの発達原理がベースにあるため、考え方がすべて「子ども」の姿から出発しています。そのため、人間としての自然な欲求があるがままに叶えられ、子どもに負荷をかけることなく、成長期のベストなタイミングで、心や身体を育むことができるのです。

そして、「大人が子どもを育てる」のではなく、子どもを一人の人間として対等に捉え、「子どもが自ら発達していくのを手伝う」ことを大人の役割としています。

それゆえ、子どもは自由が保障された中で、主体的に自らを発達させていくことができ、様々な物事に能動的にかかわることができます。

子どもはそのようなかかわりや環境の中で過ごすことで、「できた」という満足感や有能感、自己選択する力、主体性、できなくても諦めない粘り強さ、問題に気付き解決する力、物事に取り組む集中力などを獲得していくことができます。

また、一人の人格ある人間として日々接してもらうことで、「自分はそのように接してもらうに値するんだ」という自尊感情や、いつもポジティブに見てもらうことで感じる自己肯定感なども育まれていきます。

これらは、一見数字には表れず、見逃されてしまう力かもしれません。

しかし、このような力は、これから長い人生を人間として生きていくために必要な力であり、人生を豊かにしてくれる力です。

このような、ぱっと見ではわからない力。でも、それこそが「生きる力」として子どもの中に根付いていく力です。

そして、モンテッソーリ教育は、この人間として必要な「生きる力」を育むことができる方法なのです。

❷大人自身も子育てをしながら大きく成長できる

子育てにモンテッソーリ教育の考え方を取り入れることをおすすめする二つ目の理由は、子どもの育ちを助けているようで、実は大人自身が大きく成長できるからということです。

本書の冒頭で「子どもを尊重して信じることが大切」というお話をしました。

子どもを尊重して一人の人間としてかかわるには、大人の思い通りにいかないこと、感情的になりそうなときに、自らの感情をコントロールする「忍耐力」が必要になることが多くあります。

子育てをしていると、そのような忍耐が求められる場面を何度も経験する中で、自分が苦手としていることや、自分の弱い部分に直面し、自分自身と真っ向から向き合う機会がたくさん巡ってきます。

ときにそれが辛くなったり、苦しくなったりすることがあるかもしれません。

しかし、それらに向き合い、乗り越える度に、自分の内面が磨かれ、結果として成長していくことができるのです。

また、「子どもを尊重して信じる」という相手にリスペクトを持ったかかわりを日頃から意識することで、気付くとそれは、「子ども」だけでなく、パートナーや家族、友人や仕事仲間など自分の周りにいる人へのかかわりにも変化をもたらします。

すると、夫婦関係や友人関係がより良くなったり、自分が大切にしていきたいことが浮き彫りになったり、自分に対して「尊重してくれている相手」が明確になったりと、自分の周りの人間関係を、より心地のいいものにすることに繋がっていくのです。

いつしか「手出し口出ししない」が習慣に

本書でお伝えするモンテッソーリ教育の考え方を子育てに取り入れると、「子どもとかかわるって、こんなに忍耐が必要なのか」と感じることがあるかもしれません。

私自身、子どもが誕生して、わが子が何かを「自分でやろう」とする姿を見て、手出し口出しをしたくなる場面はたくさんありました。

「違うよ」と言って直接直してしまうのは簡単。

しかし、いかに子どもが自分で気付き、自己訂正することができるか。そちらのほうが子どもにとって遥かに価値のある機会です。

そこで、私が手出し口出しすることを我慢する必要が出てきます。

最初は、ウズウズして仕方がなく、言いたいのを我慢するあまり、身体が揺れるほどでした。

しかし、「言いたい」という自分の感情をコントロールして言わずに見守ることができたときは、「見守りポイント10点！　よく我慢した！」と自分を褒めていました。

そのようなことを繰り返すうちに、手出し口出しをしないことが習慣となっていき、今では「言いたい」とすら感じなくなりました。

また、そのうち自分の感情を俯瞰してコントロールする力も高まり、育児中に意に反する思いがけない事態が起きても、感情が高ぶることがほとんどなくなりました。

これは、私一人だったら決してできることではなく、**モンテッソーリ教育の考え方に触れながら、わが子に向き合うことで、結果として自分に向き合ったからこそ、感じることができた**ことだと思っています。

そして、「子どもを尊重して信じる」ことで、自分の周りにいる人に対してのリスペクトもさらに深まり、人間関係がより自分の心地のいいものになった気がします。

毎時間、毎分、毎秒、ものすごい速さで成長する子どもとともに、私たち大人も成長していくことができたら、そんな素敵なことはないですよね！

こんな風に、子育てを通してモンテッソーリ教育のエッセンスを自分の中に取り入れていくうちに、自分自身が変わっていくことができるという点が、モンテッソーリ教育の考え方を子育てに取り入れていただきたい、もう一つの理由です。

まとめ

- 子どもが、人間として必要な「生きる力」を育むことができる。
- 子どもを尊重し、信じてかかわるように意識することで、自分の周りにいる人に対する尊敬の念も深まり、人間関係がより心地のいいものに変わる。
- モンテッソーリ教育の考え方を取り入れた子育てをしているうちに、大人自身が成長できる。

子育ては「子ども」を知ることから始まる

子どもは「自ら育つ力」を持っている

モンテッソーリ教育では、子どもには「自ら育つ力」があると考えます。

子どもを育てることを「子育て」と言いますが、実は、**子どもは〝育てる〟存在ではなく、〝自ら育っていく〟存在**なのです。

「そろそろ歩くようになりなさい」と誰かに言われなくても、子どもは生まれたときから、二足歩行に向けて少しずつ自分を発達させていきますよね。

そして、誰も順番を教えていないのに、寝返りができるようになって、お座りができるようになり、つかまり立ち、伝い歩きができるようになります。

つまり、人間として生きていくために、いつ何を獲得すべきなのかが、子どもの中にプログラムされているのです。

のちほど詳しくお話ししますが、子どもはそのプログラムされた情報や、そのエネルギーに従って自らを発達させていきます。

もちろん個人差もあり、同じ月齢でも当然一人ひとり発達のスピードは異なります。

しかし、ここで意識したい大切なポイントは、「平均よりも早く」発達していることではなく、**「その子のペースとその子らしさが保障されているか」**ということです。

そして、それこそが子どもにとっての幸せなのです。

子どもの発達のゴールはどこ？

〝子どもには「自ら育つ力」がある〟と先にも述べましたが、子どもは一体どこに向かって自らを発達させていると思いますか？

答えは、「じりつ」です。「じりつ」と言っても、２種類の「じりつ」があります。

・「自立」……自分のことが自分でできるようになること
・「自律」……自分で自分を律することができるようになること

子どもは、命を授かった瞬間から、この二つの「自立」と「自律」に向かって自らを発達させていきます。
ただ闇雲に発達させせているのではなく、明確な自立・自律というゴールに向かって、毎日、毎時間、毎分、毎秒、自分を発達させていくのです。

モンテッソーリ教育では、乳幼児期

の6年間を前半と後半の二つに分けて考えます。

まず、最初の3年間（0〜3歳）は、「自分＝個」の基礎を創り上げる時期。

そして、後半の3年間（3〜6歳）は、「個」をさらに細かく創り上げ、洗練させる時期。

この時期、子どもはこのように願っています。

- **0〜3歳　「自分が自分になるのを手伝ってね」**
- **3〜6歳　「一人でするのを手伝ってね」**

つまり、どんなときも、子どもは「自ら」の力で自立・自律に向かい、「自ら」の足で進んでいきたいのです。子どもの、この願いが叶うようにサポートしていくことが、「子育て」の基本なのです。

0〜6歳は「自分＝個」を創る大切な時期

先ほどもお話しした通り、子どもは自らを自立・自律に向かって発達させていきます。なかでも**0〜6歳の乳幼児期は、「自分」という「個」を創る、人生において特に大切な時期**です。子どもはその6年間で、その後も経験することがないような速さと強烈なエネルギーで発達していきます。

何もかもが未知のこの世界に誕生した瞬間から、子どもは人間として生きていくために必要な能力を獲得しようと、生まれた瞬間から全力です。

「もう自立するのなんて、や〜めた」「毎日成長するの、疲れちゃった」などと自ら発達することを諦めたり、嫌がったりする子は見かけませんよね。

子どもはみんな自らを発達させて、「自分＝個」を創ることに必死なのです。

だからこそ、子どもの育つエネルギーが大変強力なこの0〜6歳の6年間は、大人の思い通りに物事が進まなかったり、悩みが次から次へ出てきたりと、大人対子どもの争いが起きやすい時期なのかもしれません。

乳幼児期は「無意識」と「意識」の時期に分かれている

先述している通り、0〜6歳の「乳幼児期」は、前半の0〜3歳と、後半の3〜6

歳に分かれています。そして、前半と後半で決定的に違うポイントがあるのです。

・0～3歳　「無意識」の時期
・3～6歳　「意識」の時期

まず、前半の0～3歳「無意識の時期」から見ていきましょう。

0～3歳は見えない力に突き動かされている時期

0～3歳のお子さんがいらっしゃるご家庭は、毎日全力でやりたいようにやり、生きたいように生きるお子さんの姿に、かわいくも、ときにこちらがエネルギーを取られてしまうぐらい疲れるときがあるかもしれません（もちろん、最初の3年間に限った話ではありませんが……）。

0～3歳の間は、「待つ」ことも難しく、「見たい！」と思ったら見て、「触りたい！」と思ったら触って、「やりたい！」と思ったら今やって、それが叶わないと全力で泣く時期です。

なぜそのような姿が見られるのかと言うと、**この時期はまだ「意識」というものが芽生えておらず、多くの時間を「無意識」的な状態で何かをしている**からです。

誕生から少しずつ意識が芽生えていくのが、この０〜３歳の時期。

もちろん３歳までずっと無意識でいるわけではなく、０〜３歳にかけて徐々に意識が芽生え、意識がはっきりとしていくイメージです。

この時期は、まだ「意識的」に何かをするというよりも、「今はこれを発達させなさい」「今はこの能力を獲得しなさい」という**自らの中に埋め込まれているプログラムに従って、エネルギーのままに動くことの多い時期**です。

そのため、たとえば「歩く」ことができるようになりたがっている時期は、「今日はいっぱい歩いたでしょ。もうおしまい」と言われて抱っこされても、「もっと歩きたい‼」「歩かせて〜‼」と言わんばかりに、仰け反ってでも歩こうとするのです。

ティッシュ箱を見つけたら、ティッシュをエンドレスに引っ張る姿も同じです。何かを掴んで、引っ張るという動作がしたくてたまらない。

「もうおしまいにして」と言われても、自分さえもそのエネルギーに突き動かされているため、その手を止めることができないのです。

制止や要求が通らないので、大人としては「どうしたものか」と悩むことが多いかもしれません。

しかし、このエネルギーがあるからこそ、子どもは大人に「今〇〇ができるようになりなさい」と教えられなくても、自らを発達させて、人間として生きていく力を獲得していくことができるのです。

3〜6歳は目的を持って意識的に取り組む時期

続いては、後半3〜6歳の「意識」の時期についてです。

0〜3歳がそんな「無意識」なのに対し、3〜6歳は「意識」の時期に変化していきます。

3歳になったら急に意識的になるというものではなく、無意識と意識の世界を行ったり来たりしながら、徐々に意識の世界へと足を踏み入れていくイメージです。

エネルギーに突き動かされるまま、自分のやりたいことに取り組んでいた0〜3歳の頃とは違って、**「意識」の時期の3〜6歳は、「自分がどうしたいのか」という目的を持って物事を選択し、エネルギーを使って意識的に取り組む姿が見られるようになっていきます。**

たとえば子どもに、「自分のお名前書きたい！」「この色でこうやって塗りたい！」「自転車に乗れるようになりたい！」などと目的を持って、意識的に何かに取り組む姿が見られたら、もうすっかり意識の世界に入り込んだ証拠です。

とは言え、3〜6歳も、まだエネルギーが強く、0〜3歳で獲得したものをベースに、それらを洗練させ、さらに自分の中に定着させていく時期です。

このように、0〜6歳の乳幼児期と言っても、実は前半と後半で全く発達段階が違うのです。

お子さんが「無意識」の時期なのか、「意識」の時期なのか、ぜひ考えてみてください。

まとめ

- 子どもは自ら育つ力を持っている。
- 「自立」と「自律」に向かって自らを発達させていく。
- 0〜3歳は「無意識」の時期。内なるエネルギーに突き動かされている。
- 3〜6歳は「意識」の時期。目的を持って意識的に取り組むようになる。この間に、それまでに獲得したものを洗練させ、さらに定着させていく。

子どもが持つ二つの「自ら育つ力」

自立へ向かうための特別な二つの力

先ほどから、子どもは「自ら育つ力」があると何度もお話ししていますが、「自ら育つ力」とは、一体どのようなものなのでしょうか。

「自ら育つ力」には、次の二つがあります。

- 「吸収する力」……周囲の情報を自分の中に取り込む力
- 「敏感期のエネルギー」……複数の特定の能力を獲得するために期間限定で表れる力

子どもは、この二つの特別な力があるから、歩き方をいちいち教えなくても、歩けるようになったり、言葉を一つひとつ教え込まなくても、言語を使ってコミュニケーションがとれるようになったりするのです。

それでは、それぞれの力について詳しく見ていきましょう。

「吸収する力」は乳幼児期を通して常に稼働中

この世界に生まれた子どもは、生きていくために自分を成長させ、一刻も早く自分のいる環境に適応していく必要があります。

そのために備わっている力が、この「吸収する力」です。

自らの置かれた環境に適応するために、常に周囲の情報を吸収し、自分の中に溜め込んでいるのです。そして、その溜め込んだものを使って、少しずつ自分を創っていきます。

この「吸収する力」は0〜6歳の乳幼児期を通して常に働いている力です。

言葉の使い方、コミュニケーションの取り方、身体の使い方、立ち振る舞い、マナー、ものの扱い方など、自分が生まれた環境で、人間として生きていくために必要なあらゆることを、視覚、聴覚、嗅覚、味覚、触覚の五感をフルに使って、常に吸収していきます。

「子どもは、なんでも吸収するよね〜」と大人同士で話すことはありませんか？

本当にその通りで、**子どもは良いことも悪いことも、なんでも吸収していきます**。

あるお母さんは、わが子が動けるようになって扉や引き出しを足で閉める姿を見て目を疑ったそうです。「扉は足で閉める」と教えたことなんて一度もないのに！　と。

でも、子どもは常に大人の言動を見て、しっかりと吸収しているのです。

そして、来たるべきときまで自分の中に吸収したものを溜め込んで、ベストなタイミングでアウトプットします。

「なんとなく、こんな感じ」というアバウトな吸収の仕方ではなく、鮮明に、そして正確に吸収し、その吸収した姿そのままに、ものの見事に真似をして表現してくるのです。

0〜3歳と3〜6歳で「吸収」の仕方は違う

この「吸収する力」は、0〜3歳と3〜6歳では異なる特徴があります。

0〜3歳の「無意識」の時期は、無意識にどんなものでもフィルターを通すことなく吸収します。良いことも悪いこともなんでも吸収していきます。「今のは、なかったことにしよう」と自分の中で選別することはできません。

そこにいて、見たもの、聞いたこと、触れたもの、嗅いだもの、食べたもの。ありとあらゆるすべての情報や刺激を自分の中に溜め込んでいきます。

それに対し、**3〜6歳の「意識」の時期は、0〜3歳に比べて意識的に吸収することができるようになります**。

「〝まま〟ってどうやって書くの？」「どうやったら、鉄棒の前回りができるかな？」などと、自分が吸収したいこと、できるようになりたいことなどを、意識的に自分から掴みにいく姿が見られるようになります。

しかし、0〜3歳と同様、そこにいるだけで、なんでも吸収することができるのは変わりません。まるでスポンジのような吸収力の良さです。

スポンジと同じで、吸った水が透明であれば、透明になり、吸った水が真っ黒であれば、真っ黒に染まります。吸収したもので「自分＝個」を創り上げていくのです。


しかし、1点だけスポンジとは違う点があります。

それは、**「吸収する力」で一度吸収した情報は外へ出ていかない**ということ。

スポンジは、水を吸ったあとに絞れば水が出ていきますよね。

しかし、「吸収する力」で吸収した情報や刺激は、「なかったことにしよう」と絞り出しても、なかなか出ていくことはありません。一度キャッチしたら、掴んで離さない、とても強い力なのです。

この強烈な力があるからこそ、子どもは「自分＝個」を創り上げて、自らの力で自らを発達させていくことができるのです。

能力を獲得する絶好のチャンス「敏感期」

次は、もう一つの力である「敏感期」についてです。

子どもの成長過程においては、「この時期に、この能力が発達する」ベストな時期というものがあります。

能力には、人間として生きていくために必要な、運動能力や言語能力、感覚器官で情報を区別する能力など複数あるのですが、これらを獲得するためにエネルギーが強く表れる、ある限られた時期のことを、モンテッソーリ教育では「敏感期」と言います。

「敏感期」は、まるでそのときだけスポットライトが当たっているかのように限定的に強く表れます。つまり、その能力を獲得するベストタイミングということです。

このエネルギーがあるからこそ、子どもは複数の能力を自ら獲得していくことができるのです。

先ほどもお話しした通り、人間は生まれたとき、人間としての肉体（身体）を持ってはいますが、自分の思うように動かすことはできませんよね。

周りにいる大人に保護やお世話をしてもらいながら、そして、この「敏感期」のエネルギーに支えられて、子どもは人間として生きていくための能力を少しずつ自分の手で掴み取っていきます。そうして少しずつ自分の身体を、自分の意志で動かせるようになっていくのです。

「敏感期」の種類と時期

敏感期には、大きく分けて六つの種類があり、0〜6歳の間に、様々な敏感期が同時並行的に表れます。一つひとつ解説していきます。

●言語の敏感期

0〜6歳。

言語を自分の一部として獲得するために表れるエネルギー。

言語に対して強い興味を示す。

●運動の敏感期

10カ月〜4歳前後。

二足歩行や手を道具として使えるようにするために表れるエネルギー。

身体を自分の思い通りに動かせるように、身体を大きく動かす「粗大運動」と、細かい動きの「微細運動」の両方を獲得する。とにかく動きたい衝動や、手を使いたい衝動を示す。

●感覚の敏感期

0〜4歳半前後。

感覚器官（五感：触覚、味覚、嗅覚、視覚、聴覚）を洗練させて感覚器官で感じた情報を区別できるようにするために表れるエネルギー。

感覚器官が特に鋭敏になる。感覚器官を使って、外界からの刺激を感じたくて仕方のない時期。

●秩序の敏感期

0〜4歳前後（1歳半〜3歳がピーク）。

自分がいる環境での「当たり前」という秩序を、自分の中に確立するために、強く表れるエネルギー。**「いつも同じ」であることにとても強いこだわりを見せる。**

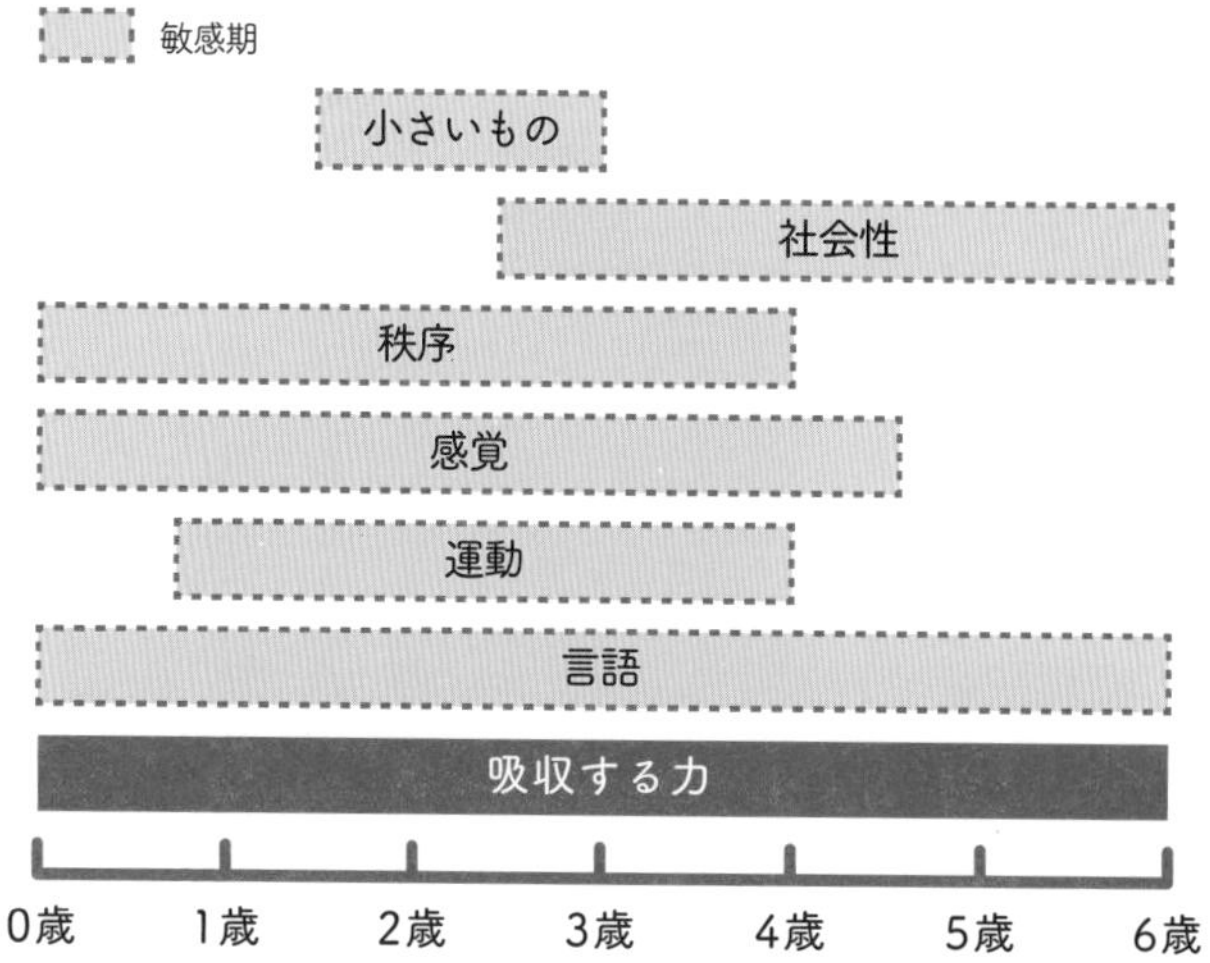

●社会性の敏感期

２歳半〜６歳前後。

自分のいる環境に見合った人間になるために、その環境における挨拶、マナー、立ち居振る舞い、人やものとの関係性などを獲得するために強く表れるエネルギー。

自分のことだけでなく、周りの人やものに関心を持つようになり、**「誰かのために」と、人の役に立つことをしようとする姿が見られるようになる**。

●小さいものへの敏感期

１歳半〜３歳前後。

小さいものへ意識を向けるようになり、

観察力を獲得するために強く表れるエネルギー。大人が気付かないような小さなごみ、髪の毛、石などに敏感に反応して拾おうとする。

このように0～6歳の乳幼児期は、様々なことに強く興味を示し、能力を獲得するために強烈なエネルギーを表出します。

人間として生きていくために必要な能力を、「吸収する力」と「敏感期」のエネルギーを借りて、自分の一部にしようとしている最中なのです。

先ほどもお話しした通り、子どもは、「今日は歩き方教えるね。右足出したら、次、左足出して～」などと、歩き方をいちいち教えなくても、二足歩行に向けて少しずつ自分を発達させて歩けるようになっていきます。

これは「吸収する力」と「運動の敏感期」に表れる運動能力を獲得するために出るエネルギーがあるからなのです。

この二つの力が合わさることで、子どもの中に、歩くことへの強い興味が湧き、周りの大人や他の子どもが歩く姿を注意深く見ながら、「歩く」という動きを日々吸収し、それをアウトプットした結果、歩けるようになるのです。

まとめ

- 「自ら育つ力」は、「吸収する力」と「敏感期」の二つの力によって成り立っている。
- 「吸収する力」は、0～6歳の乳幼児期において常に稼働中の力。
- 「敏感期」は、特定の能力を獲得するために期間限定でスポットライトのようにエネルギーが出る時期のこと。

モンテッソーリ教育を家庭の子育てに取り入れる方法

モンテッソーリ教育は今日からすぐに家庭で実践できる

モンテッソーリ教育は、園や学校などの教育施設でしかできないのではないかというイメージをお持ちの方もいらっしゃるかもしれません。

しかし、モンテッソーリ教育の考え方は、今日からすぐにご家庭で実践することができます。

では、どのように取り入れていったらいいのでしょうか。

ここからは、ご家庭でモンテッソーリ教育の考え方を子育てに落とし込むときのポイントをお伝えします。

❶環境を整える
❷子どもを観察する
❸大人がやって見せる
❹見守る

ご家庭の子育てに取り入れるときは、この四つのポイントを意識してみてください。
そうすれば、ご家庭でも、モンテッソーリ教育の子育てが、すぐに実践できます。

モンテッソーリ流子育て四つのポイント

ここからは、各ポイントについて詳しく説明していきます。

❶環境を整える

●子どもの「今やりたい」が叶えられるものを用意する

モンテッソーリ教育は、「環境を通して子どもの育ちをサポート」します。

子どもにやりたい気持ちがあっても、それが叶う環境がないと、子どもはそのエネルギーを発揮することができず、不満足に終わってしまいます。

そこで、子どもの「今やりたい」が叶えられる環境を用意する必要があります。

モンテッソーリ教育と言うと「教具」が有名ですが、あれら教具も環境の一部です。

しかし、ご家庭で教具をすべて揃える必要はありません。

環境を整えるために大切なのは、子どもを観察して「今」やりたがっていることができるように、必要に応じてものを用意してあげるというサポートです。

たとえば、ティッシュを何度も引っ張る姿が見られたときに、「だめ！　もったいないでしょ」と取り上げてしまうのではなく、繰り返し「引っ張る」という動作を経験できるような活動を、お子さんの活動スペースに用意してあげることがポイントです（たとえば、ハンカチを何枚も縫い合わせて長くしたものを、タッパーのような容器の中から引っ張る活動に置き換えるなど）。

そうすることで、子どもが「今」やりたいことを満足のいくまでやることができ、結果として、獲得したい力を身に付け、満足感や自信を感じることに繋がります。

●子どもの使いやすさを配慮して環境を整える

また、「もの」を揃えるという面だけでなく、子どもが自分の力で生活できる環境が整っているということも大切です。

家庭では、洗面所やトイレ、棚の高さや配置など、多くのところで私たち大人が快適に過ごせるように、大人の背丈に合わせて設計、設定されています。

そこで、まずは子どもが使う用具や道具などを、子どもが自分で取れる位置、高さに整えてあげましょう。

また、子どもが使うものが子どもサイズであるか、子どもの手の大きさに合っているかなどの配慮も必要です。

子どもが自分一人の力でできるように、やりにくそうにしているところや、大人の手を借りないとできないことに関しては、高さや大きさ、ものの量や配置などを変更してあげることが大切です。

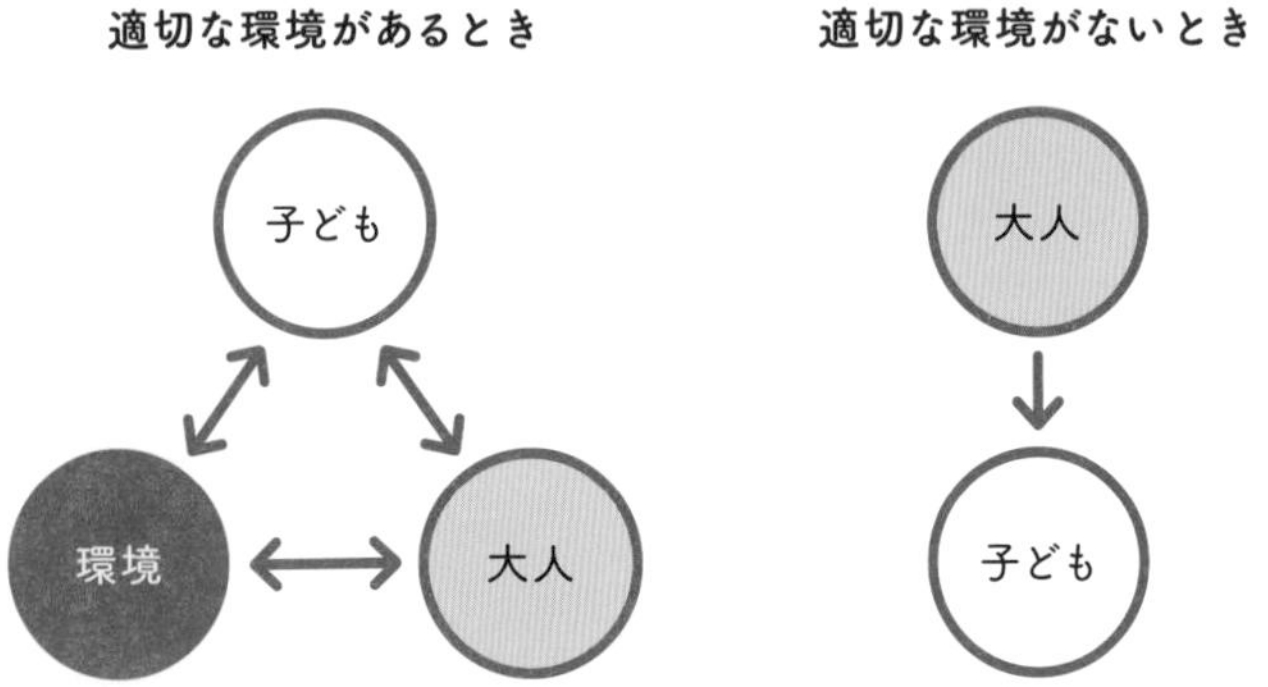

このように、まずは子どもの「今」やりたいことが叶うようにものを用意し、子どもが自分の力で生活できるように場を整えてあげると、家庭でもモンテッソーリ教育を実践することができるのです。

「環境」を通して間接的にサポート

適切な環境がないと、大人が子どもに教えるという一方的な構図になってしまいます。

しかし、環境を通すことで、「環境」「子ども」「大人」の三角関係がバランス良く保たれ、大人は子どもに教え込んだり、叱り続けたりせず、間接的に子どもの育ちを助けることができます。

適切な環境に子ども自らが触れて、感じ、体験することで、自分を発達させることができるように、サポートしてあげましょう。

❷子どもを観察する

「何を楽しんでいるのかな？」と子どもを見つめてみる

ただし、適切な環境を用意すれば、それでおしまいかと言ったら、決してそうではありません。

子どもの育ちをサポートするうえで、「子どものことを知る」ことは欠かせません。

子どもを知らずして、適切なサポートはできないからです。

そのときに必要なのが、子どもを「観察する」ということです。

「観察」と聞くと、なんだか難しそうに感じるかもしれません。

しかし、難しく考えなくて大丈夫です。

「今この子はどんなことに興味を持っているのだろう？」「最近楽しんでいることは

何かな？」「繰り返しやりたがることは何だろう？」というようなまなざしで、まずはお子さんを見つめてみるだけでいいのです。

●大人の願いは見えないように

そのときに注意したいことは、「もっとこれをやってほしい」「こうなってほしいのに」という大人の願いを前面に出して見つめたり、「どうせ、この子はこうだから」と**先入観を持って見つめたりしない**ということです。

大人の願いが大きすぎたり、先入観があったりすると、本来の子どもの姿をキャッチすることがとても難しくなります。そして、観察すればするほど、自分の思う子ども像と、現実の子どもの姿との違いにイライラするという悪循環に陥ってしまう可能性があります。

大切なことは、子どもが何をやりたがっているのか、子どもの持つ「自ら育つ力」によって、今、子どもが何を獲得しようとしているのかを大人が感じ取り、それが叶うようにサポートしていくことです。

観察するときは、あくまでもポジティブに「今この子にどんなサポートをしたら、育ちを助けられるかな?」というまなざしで、お子さんを見てあげてください。

❸大人がやって見せる

●大人が動くスピードは子どもにとって速すぎる

0～6歳の子どもに何かを伝えるときは、「実際にやって見せて伝える」方法がおすすめです。

この年齢の子どもは、まだ私たち大人のように抽象的に考えることができません。そのため、実際に大人がやって見せることで、「そうやってやればいいのか」ということが具体的にわかり、理解しやすくなります。

やって見せるときのポイントは、いつものペースより7～8倍〝ゆっくりやって見せる〟ということです。

日頃私たち大人がやっているペースで、パーッとあっという間にやって見せて、「こうやってやるよ、やってみて」と言っても、子どもはまるで早送りでも見ているかのような印象を受け、「え、ちょっと待って！　あれ？　何からやればいい？」となってしまいます。

あまりの速さに情報をキャッチすることができず、結局どうやれば良いのかがわからないといった状況です。

私たち大人にとっては何てことのない日常の動作一つひとつが、子どもにとっては、やったことのない新しい動作です。

そのため、その動作だけを切り取って、ゆっくりとやって見せる。

そうすることで、子どもは自分の中に、その動きを取り込むことができ、真似をしてアウトプットできるようになっていきます。

●動作と言葉を別々に伝える

子どもに伝わりやすくするポイントが、もう一つあります。

それは、**動作と言葉を別々にする**ということです。

「ここを持って〜、こうやって、ここに通すでしょ？　そしたら、こっちを持って〜、ここに入れる！　ほら、できた！」と、動作と言葉を同時に伝えると、子どもは言葉に集中していいのか、動作に集中していいのかがわからなくなってしまいます。

視覚と聴覚の二つの感覚器官から入ってくる情報を、一度に整理して取り込むことは、年齢が低ければ低いほど難しいのです。

そのため、**まずは「今からやってみるから見ていてね」などと声をかけて、ゆっくり動作だけをやって見せましょう。**

その後、言葉を添えて、もう一度、ゆっくりやって見せてあげてもいいですね。

こうして、動作と言葉を別々に伝えてもらうことで、子どもはやり方を理解して、自分でやってみようと行動し、それが子どもの「できた！」に繋がっていきます。

❹見守る

●子どもが失敗から自ら学ぶ機会を奪わない

最後のポイント、それは「見守る」ということです。

言うのは簡単ですが、実際に手出し、口出しをしないというのは、なかなかの至難の業です。なぜなら、私たち大人は子どもより経験値が高く、色々なことを知っているからです。

大人としては、目の前で子どもが間違えていたり、失敗しそうになったりしていると、もう言いたくて仕方がない！　とばかりに、知っていることを子どもに教えてあげたくてウズウズすることがあると思います。

しかし、そこはぐっと我慢です！

私たち大人の忍耐力の見せ所です。

私たち大人も、今までに数々の失敗をしてきました。小さなこと、大きなこと、大小様々な経験を積み重ね、ここまで発達してきましたよね。

子どもの成長のうえで大切なことは、〝できるように大人にやってもらうこと〟ではなく、〝子どもが自分でできるようになること〟です。それは、間違いや失敗に関してしても同じです。

だからこそ、子どもが「間違っていることに早く気付けるように」「失敗しないように」と転ばぬ先の杖になって、先手を打って失敗を防ぐのではなく、子どもが自分で間違いに気付く瞬間を待つ（見守る）かかわりが必要なのです。

まとめ

- 環境を通して、子どもの育ちをサポートする。
- 子どもの育ちをサポートするためには、子どもを観察することが大切。
- 子どもに伝えるときは、7〜8倍ゆっくりやって見せる。
- 大切なことは、大人に見守ってもらい、子どもが自分でできるようになること。

第2章からは、モンテッソーリ教育の考え方に則って、
親御さんからご相談をいただく、よくある育児の悩みにお答えします。
下記のような子育てシーン、身に覚えのある方も多いのではないでしょうか？
具体的な対応方法をご紹介しています。さっそくページをめくってご覧ください。

自ら行動しない子には…

今何をすべきなのか、子どもが考えられるような問いかけをする。
（→詳しくはP70）

ぐずって駄々をこねる子には…

どんなにぐずっても、許容できること・できないことの線引きをはっきり示す。
（→詳しくはP83）

第2章

イライラ＆焦る！育児でよくある悩みとその対応

ダメな親はいません
イライラ&焦っても大丈夫！

「怒ってしまう＝ダメな親」ではありません

「子どもを待てなくて怒ってしまう親は、ダメな親でしょうか？」

と、悩みを相談されることがあります。

子どもは何でもすぐにはできないと頭ではわかっていても、急いでいたりすると、どうしても子どもの行動を待てなくて、言うことを聞かせようと怒ってしまう……。


あるお母さんは、保育園から帰ろうとしない2歳ぐらいの息子に怒って、自分だけ先に途中まで帰ってしまったそうです。途中で気になって引き返したら、号泣しているわが子と、心配した見知らぬおばあちゃんの姿が。その光景を見て、「私は母親失格だ……」と自己嫌悪に陥ったと言います。

いつもなら穏やかに子どもとかかわることができるのに、余裕がないとき、何かうまくいかないことが重なったときに、自分でも感情をコントロールできなくなり、つい怒ってしまう。そして、その後、反省し、後悔する――。

このように日々葛藤しているお母さん、お父さんは少なくないように思います。

まずお伝えしたいのは、そんなお母さん、お父さんは、モンテッソーリ教育においても、子育て全般においても、「ダメな親では決してない」ということです。

子どもに怒ってしまう、イライラしてしまうのは、決して母親失格、父親失格ではありません。

大切なことは、それを「当たり前、仕方ないよ」としてしまうのではなく、子育てという子どもの育ちを助ける作業において、大切なことは何か、自分にできることは何かということを意識していくことです。

そして、できていないことは何かを認識して、自分に必要なことを見極め、試行錯誤を繰り返していくことが何よりも大切で、忘れずにいたいことだと思います。

毎日100点じゃなくていい

親になる前は、誰だって自分のことを優先にして生きてきました。

しかし親になると急に、自分の思いや欲求、感情、行動、時間など様々なことを後回しにして、子どもを優先にしなくてはいけないことが多くなります。

その中で、葛藤が生じたり、自分の忍耐のなさに嫌気がさしたりしますよね。

しかし、それらを経験する中で、親も一人の人間として成長することができるのです。

毎日を完璧に100点満点でこなそうとしなくても大丈夫です。

失敗したっていい。うまくいかない日があってもいい。毎日100点を目指すのではなく、**1~2週間の長いスパンで見たときに、自分が納得できる状態に持っていく。**

それぐらいゆるく、長いスパンで捉えてみてください。

人生を自分の足で歩んでいくための土台を作っている乳幼児期の時期こそ、この世界や自分のいる環境を信頼し、自分を愛する気持ちを育んでいくことが大切なのです。
そのためには、より良いかかわりを自分なりにしていこうとする、その大人の姿勢、意識、努力が必要です。そして、その大人のかかわりが、子どもの心の成長、自立を助けることに必ず繋がっていきます。

次ページからは、お母さん、お父さんが感じる、よくある悩みに対して、かかわり方に重きをおいてお話ししていきます。

子どもを尊重し、信じるとはどういうかかわりなのかが見えてくるはずです。
できそうなところから取り入れてみてください。

まとめ

- 毎日を完璧に１００点満点でこなそうとしなくても大丈夫。
- 子どもの育ちを助けるうえで、大切なことは何か、できていること・できていないことは何かを見極めることが大切。

自ら行動しない・声をかけても動かない

子どもに伝わる声のかけ方と環境の工夫

子どもにも都合がある

毎日の支度や片付け。自ら行動してくれない、「お風呂に入ろう」と声をかけてもなかなか動いてくれない、「片付けようね」と言っても、なかなか片付けが始まらない……。

毎日の生活をスムーズに進めていきたい大人にとって、子どもが動いてくれないというのは、頭を抱える悩みの一つだと思います。

私たち大人は、「○時までには家を出なくちゃ」「お風呂に入って寝る準備をして、○時までにはベッドに入りたい」などと常に先のことを考えながら行動しています。

しかし、**この時期の子どもたちは「今」を生きています**。

5歳頃になると少しずつ見通しを持って行動できるようになっていきますが、それでもまだまだ「今」目の前にあることにエネルギーを注ぐ時期です。

その結果、常に先を見越して行動したい大人と、「今」を生きている子どもとの間にギャップが生まれてくるのです。

しかし、**私たち大人にも都合があるように、子どもにも都合があります**。

大人に置き換えて考えてみましょう。たとえば読書をしているとします。あと少しでキリのいいところまで読めるというときに、「今すぐご飯作って」と言われたら、どうでしょう。「あと少しだけでいいから待ってほしい！」と思いますよね。

ところが子どものことになると、私たち大人は、打てば響くようにすぐ動いてほしいと考えがちです。

子どもにも都合があって、子どもは「今」を生きているんだということを少し意識してみてあげてください。

「わかっている」と「行動できる」は別の話

4歳以降になると、やることはわかっているのに声をかけても動かないということがあります。大人としては、「わかっているのに、なんでやらないの！」と余計にイライラするポイントかもしれません。

しかし、「わかっている」のと「行動できる」のとは、また別の話です。

みなさんも、今この本を読んでくださっているときは、「そうだよね。怒ってばかりいたくない。明日からは、尊重したかかわりをしよう」と、きっと思ってくださっているでしょう。

ところが、実際に子どもと向き合っていると、「わかっている」こととは裏腹に、感情的に怒ってしまうということがありませんか？

それは、子どもも同じなのですよね。

「自分で考えて行動する力」を育む六つのポイント

では、子どもが自ら考えて行動できるようになるためには、私たち大人は、どのようなかかわりをすると良いのでしょうか？

ポイントは、次の六つです。

❶ **お願い、依頼、提案をするような声かけをする**
❷ **声かけだけでなく大人が一緒にやって見せる**
❸ **決定権を子どもに渡して自分で決めたと感じられるようにする**
❹ **声のかけ方を「問いかけ」に変える**
❺ **やることを「見える化」する**
❻ **子どもの力でやり遂げられる環境を用意する**

一つずつ見ていきましょう。

❶お願い、依頼、提案をするような声かけをする

子どもに「ちゃんとしてほしい」「しっかりやってほしい」という思いから、つい私たち大人は、上からものを言ってしまいたくなります。

しかし、子どももあくまでも一人の人格を持った人間で、立場は対等です。

子どもへのリスペクトを表現するためにも、一方的な指示、命令ではなく、次のような「お願い、依頼、提案をするような声かけ」に変えてみるのがおすすめです。

- **「早くしなさい！」↓「もうお家を出ないといけないから、靴履いてくれる？」**
- **「ちゃんと見なさい」↓「ここを見ると、こぼさずにお茶を入れられるよ」**
- **「片付けなさい」↓「これを棚に戻してね。お願いします」**

このような声かけに変えることで、子どもの「聞こう」とする心の扉が開きます。

たとえば、私たち大人も、頭ごなしに「こうしなさい！」「ああしなさい！」と一方的に指示、命令してくる上司や先輩より、「ちょっといい？　これを変更してほし

いんだけど、お願いしてもいいかな？」と、こちらに思いやりを持ってかかわってくれる上司や先輩のほうが好感を持てますし、信頼もできますよね。

これは親子関係においても同じです。子どもがお母さんやお父さんの言っていることを聞こうと思えるようになるためには、子どもへの思いやりが必要なのです。

❷声かけだけでなく大人が一緒にやって見せる

特に0〜3歳の時期の子どもは、目の前のことに全力です。

そのため、ただ「お風呂に入ろうね」「片付けをしようね」と声をかけるだけでは耳に入りません。「大人が一緒にその行動をする」ということが必要です。

子どもの行動のキリがいいところで「お風呂に入ろうか。おもちゃ、ここに片付けようね」と声をかけながら、片付けてほしい場所へ先に行き、「ここに置こうね」と知らせたり、使っていたものが多い場合は、一緒に片付けたりします。

一人でできるように見守りながら、できないときには子どもの半歩先を行ってやって見せ、一緒にやり、手伝ってあげることが子どもの自立に繋がっていきます。

大人にとっては骨折りが多い時期で大変かもしれませんが、その大人の助けが必ず子どもの育ちを支えていきます。

3歳近くになり、ある程度一人でできるようになったら、声をかけたあと、「脱衣所で待っているね」などと伝え、来てほしい場所で待っていることもおすすめです。

❸決定権を子どもに渡して自分で決めたと感じられるようにする

4歳以降は、子どもが自分で決められるようにかかわっていくことが必要になります。たとえば、次のように、

「お風呂に入ろうと思うけど、あと何冊でおしまいにする？」

「時計の針が5か6、どっちに来たらおしまいにする？」

などと、子どもに決める主導権を渡して、〝自分で決めた〟と感じられるようにし

ます。そうすることで、子どもも満足でき、自分で決めたことに責任を持てるようになります。そして、それは同時に、自分で考えて行動する力にも繋がっていきます。

その際、限度があるのであれば、先に示す配慮が必要です。

たとえば、「あと何分でおしまいにする？」と聞いたときに、10分ほどなら待てるけれど、30分は待てないというときは、「あと10分までなら大丈夫だけど、あと何分にする？」と初めから限度を示してあげると良いでしょう。そうすることで、せっかく子どもが自分で考えて決めた選択を「やっぱり、それはできない」と、あとから大人によって撤回されてしまうことを防ぐことができるからです。

自分で選んでも、いつも大人に変更されてしまうと、「自分で選んでもどうせ変えられる」と子どもは感じ、自分で選ぶ必要性を感じなくなってしまいます。

こうした場面に限らず、その日に着る服、食べるもの、買うものなど、**子どもが自己選択する場面では、子どもが決めたのであれば、子どもの選んだものを尊重しましょう**。その配慮が子どもの「自己選択力」が育まれる助けとなっていきます。

❹声のかけ方を「問いかけ」に変える

お子さんがやるべきことを理解できるようになって、自分一人でできる年齢になったら、声のかけ方を「問いかけ」に変えてみるのがおすすめです。

次のように、「〜してね」「〜しなさい」と一方的に指示する声かけから、子ども自身が考えられる声かけに変えてみましょう。

「着替えなさい」→「この次何する？」

「早く顔を洗いなさい」→「ご飯の前にすること何だった？」

このような「問いかけ」をすることで、ただ指示されて動くという構図から、大人の声かけをきっかけに考えて動くという構図に変わります。

❺やることを「見える化」する

まだやることが抜けてしまう、つい違うことに気がそれて、やることが進まないという場合は、やるべきことを「見える化」するのがおすすめです。

大人がやるべきことを言語化して確認し、見える化することで、子どもは自分がやらなければいけないことを再認識でき、さらにその理解を深められることがあります。

たとえば「朝起きてからお家を出るまでに、することは何があるかな?」と、朝のルーティンや、帰宅後、寝る前のルーティンなどをお子さんと確認してみましょう。

やることを書き出して、一度リストにしてみるのもいいですね。

リストを家の目に付きやすい場所に貼り出して、やった項目をチェックしながら、お子さんが自分で行動できるようにするのも一つの方法です。

❻子どもの力でやり遂げられる環境を用意する

最後は、環境面のポイントです。

服を選ぶ、顔を洗う、荷物を用意するなど、子どもが身支度をするときに、「自分の力でできる」環境が整っていることが重要です。

たとえば、洋服を選ぶときも、子どもの手が届く高さで、子どもが自分で開けられるところに、子どもの洋服が種類ごとに整理して収納されている。そのような環境があると、「ママ、あの服取って〜」「あの服はどこにあるの？」と、子どもが大人を頼る必要がなくなります。

大人の力を借りないとできないということは、大人に助けてもらうのを待たなくてはいけなかったり、アクションが増えたりして、子どもにその行動を億劫《おっくう》にさせる要因になります。**自分の力で完結できる環境を用意してあげると、言われなくても行動する力が育まれていきます**。

また、テレビなども環境の一つです。テレビが流れていると、そちらに注意がそれて、子どもは自分が今やっていることを忘れてしまいがちです。やるべきことに子どもが注意を向けられるようにするためにも、視聴時間のメリハリをつけることが必要です。

まとめ

- 指示、命令を「お願い、依頼、提案の声かけ」に変える。
- 声かけだけではなく、大人も一緒にやって見せる。
- 子どもが一人で完結できるように、身支度の環境面を整える。

要求が通らないと駄々をこねる

「イヤイヤ」ぐずったときの対応

「イヤイヤ期」はどんな時期？

１歳半頃になり、自我がはっきりとしてくると、大人の思い通りに動いてくれないことが多くなります。そして、要求が通らないと癇癪を起こす……。

子どもが癇癪を起こすと、大人はどっと疲れてしまいますよね。

１歳半頃から始まって、２歳頃になると本格的になってくる「イヤイヤ期」。なにかと大人に反抗するので、２歳を「魔の２歳児」と言ったりもします。

しかし、本当に「魔」の時期なのでしょうか。子どもは、ただ「イヤイヤ」言っているだけなのでしょうか。

まずは、「イヤイヤ期」がどんな時期であるのかを知ることが、子どもを理解することに繋がります。

お母さんから自分を分離させる変革期

この時期は、誕生した未知の世界で、心の道標《みちしるべ》にしていた「お母さん」という存在から自分を分離させる時期です。自立への一歩を踏み出す、とても大切な節目で、子どもの心の中で大きな変革期を迎えます。

誕生から1歳頃までは、いつもお母さんがそばにいて、自分とお母さんの境目がわからない状態です。

そこから、ズリバイしたり、ハイハイしたりして自分で移動できるようになってくると、少しずつ「あれ？　自分とお母さんは別もの？」ということに気付いていきます。それが「自我の芽生え」です。

歩行ができるようになり、移動を大人に頼らなくても良くなると、物理的に離れるこの時期の子どもの心の中は、大きな変革期を迎えている。

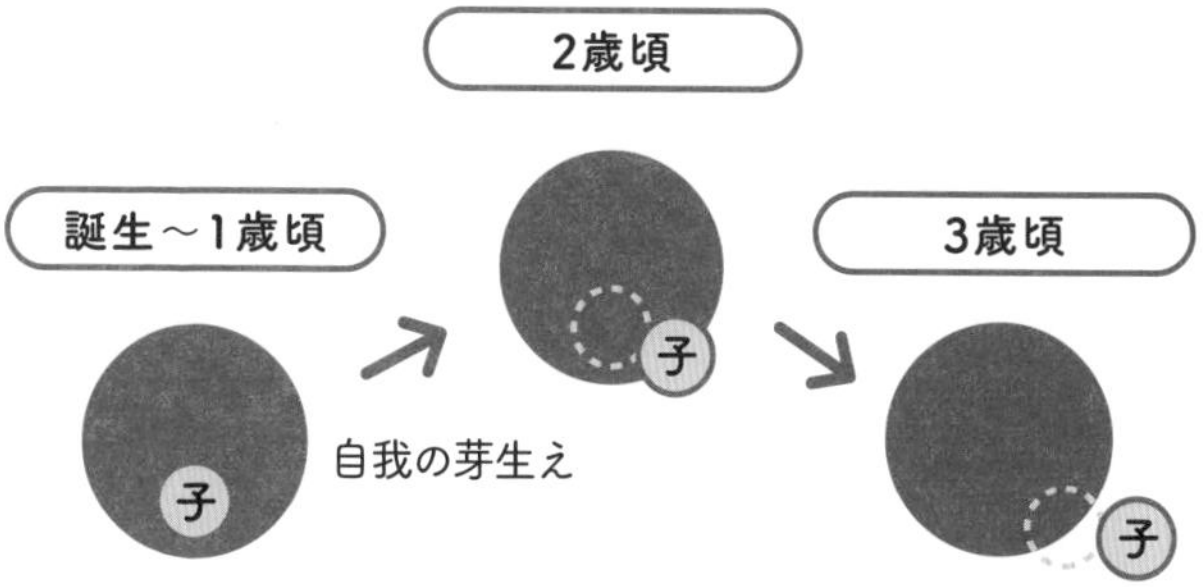

歩けるようになることで、物理的にママから離れるようになる。
次第に「自分」という存在に気付き、「自我」が芽生えていく。

時間がさらに増え、その思いは、ますます強くなっていきます。

すると、「お母さんと自分がそろって一つ」だと思っていた所から子どもは抜け出そうとし始めるのです。

そして、**子どもは3歳頃までに時間をかけて、お母さんという所から自分を分離させていきます**。その分離作業を自ら成し遂げようとする時期が、「イヤイヤ期」なのです。

子どもは「自立」がしたい一心

確かにこの時期は、〝第一次反抗期〟とも言われます。しかし、〝反抗期〟というのは大人から見た捉え方です。

誕生から今までは、着替えやお出かけ、帰るタイミングなどは子どもに配慮しながらも、だいたいは大人のペースでスムーズに進めることができていました。

ところが1歳半頃になると、着替えようと思っても「イヤ」、出かけようとしても「イヤ」、家に帰ろうとしても「イヤ」……。

今までは時間がかからずスムーズに事が進んでいた場面で、いちいち時間がかかり、大人の思うように事が進みません。

その原因が、子どもの「イヤ」「違う」という姿にあるため、大人は〝反抗期〟と思うわけです。

しかし、子どもは決して大人に反抗したいわけでも、大人を困らせたいわけでもありません。**ただただ、自立に向かいたい、その一心**なのです。

イヤイヤ期のかかわり六つのポイント

さらにこの時期、子どもは、「自我の芽生え」とともに芽生えた「意志」を使ってみたくて仕方がありません。

大人が「○○しよう」と誘うと、「イヤ」と全力で自分の「意志」を使おうとする姿が見られるのは、そのためです。

では、そんな「イヤイヤ期」に、大人はどのようなかかわりをすれば、子どもの自立を助けることができるのでしょうか？

イヤイヤ期は、次の六つのポイントを意識してかかわるのがおすすめです。

❶事前アナウンスで区切りを知らせる
❷次の楽しみを伝える
❸協力を求め、お願いをする
❹思いを受け止める
❺善悪の線引きをはっきりと示す
❻そして、待つ

公園からお家に帰るシーンを例にして、一つひとつ詳しくお話ししていきます。

❶事前アナウンスで区切りを知らせる

まずは、子どもが「イヤイヤ」「ぎゃー」となる前のポイントです。

突然「帰ろう」「おしまい」では、子どもは心構えができず、余計に時間がかかります。

そのため、「もう少しで帰ろうね」と事前にアナウンスをすることがおすすめです。そうすることで、**子どもは突然言われるときよりも心の準備をすることができます**。

そろそろ帰る時間になったら、「今やっているのが終わったら帰ろうね」「滑り台あと一回滑って帰ろうか」などと区切りをはっきり示しましょう。

❷次の楽しみを伝える

そして、「お散歩しながら帰ろう。どんな素敵なものが見つかるかな?」「自転車のところまで一緒に走っていこうか」「お家に帰ったら、○○して遊ぼう!」などと次の行動の楽しみを伝えます。

年齢が低い時期は、見通しを持って行動することができません。

そのため、**次はどんなことをするのか、どんな楽しいことがあるのかということを伝えることで、行動を切り替える助けとなっていきます**。

❸協力を求め、お願いをする

前項でもお話ししましたが、声をかけるときは、一方的な指示ではなく、協力を求めたり、お願いをしたりする声のかけ方に意識して変えてみましょう。

どの年齢の発達段階においても、子どもを尊重したかかわりは欠かすことができませんが、この時期は特に、一人の人間として尊重したかかわりが必要になります。

❹思いを受け止める

このように、事前に意識的なかかわりをしても、子どもが「イヤイヤ」「帰らない」と言ったり、泣き出したりすることがあるかと思います。

そのようなときには、まずはお子さんの思いを受け止めてあげてください。

「帰りたくないね。楽しいもんね」「まだ遊びたいね」などと、**お子さんの言ってい**

ることを、嫌だと思っていることをそのままオウム返しするのです。

子どもが何を嫌がっているのか推し量ることができないときもあると思います。そのようなときは、「いやだね」だけでもいいのです。〝あなたのその気持ち、わかっているよ〟ということを子どもに伝えることが大切です。

子どもは、ただ闇雲に感情を爆発させているのではなく、一番大好きで信頼しているお母さん、お父さんに自分の気持ちを「わかってほしい」から主張しています。

しかし、まだ自分の感情をコントロー

ルして、言葉で冷静に伝えることができません。だからこそ、大人が気持ちを推し量って受け止め、「わかるよ」と共感してあげることが大切なのです。

❺善悪の線引きをはっきりと示す

とは言え、子どもが自己主張するからと、なんでも許して叶えてあげられるわけではありませんよね。

していいこと・してはいけないこと、許容できること・できないことがあります。そのようなときは、「遊びたいね。でもね、帰らなくちゃいけないの」と思いを受け止めながら、線引きははっきりと示しましょう。

❻そして、待つ

そして、最後のポイント「待つ」です。

忙しいお母さん、お父さんにとっては、これがいちばん難しいかもしれません。急かしたい気持ちも、とてもよくわかるのですが、時間が許す限り、お子さんの気持ちが落ち着くまで待ってあげましょう。

しばらく待っていると、少し泣き方が変わったり、落ち着いたりしてきます。そうしたら、そばに行き、「遊びたかったね」と受け止めたり、「お家に帰って○○しようか」と誘ったりしてみましょう。

「やりたいけれどできない壁」が自制心を育む

目の前でお子さんが「ぎゃー」と泣いているのを見ると、早く泣き止んでほしい、癇癪を起こされて恥ずかしいという気持ちでいっぱいになると思います。

そのお気持ちもわかります。しかし、そこはぐっとこらえ、一度示した線引きをブレることなく示し続け、時間と場所が許す限り、お子さんが泣いているのを見守って待つようにしてみてください。

子どもは、自分の要求が通らず、泣いているこの時間で、自分のやりたい欲求と、それでもできない現実との折り合いをつけようと頑張っています。

子どもは「やりたいことがある、でもできない」という壁にぶち当たる中で、「いいこと・ダメなこと」の善悪や、自分の思い通りにいくことばかりではないことを学びます。**壁にぶちあたったときに、自分の思いと制限とに折り合いをつける経験を重ねることで、少しずつ「自分をコントロールする力」「自制心」を育んでいくのです。**

この力は、第1章でお話しした「自律」に直結する力です。

「自分をコントロールする力」「自制心」は、筋肉のようなもので、使わないと鍛えることができません。その力は、大人になったら急に獲得できるものではなく、乳幼児期からの日々の積み重ねで獲得していくものです。

テレビ まだ見る!!
わかるよ まだ見たいよね
でもこれ見たら おしまいだったよね
…………
……うん
ぐすっ
ひくっ

そして、年齢が上がると、たとえば「まだ遊びたいけれど、もうお風呂に入る時間だから片付けよう」、学校に上がってからは「遊ぶより先に宿題を終わらせよう」など、生活のあらゆる場面で、自分をコントロールして行動する力に繋がっていきます。

さらに、「自分をコントロールする力」「自制心」は、自主的に行動する力、物事に取り組んだときに「もう少しこうやってみよう」と試行錯誤する力や、「もう一回やってみよう」と粘る力、物事に没頭できる集中力にも影響を与えます。

善悪の線引きをブレることなく示し続ける大人の姿勢が、子どもの自律を助けるのです。

何をしてもダメ。手に負えないときは?

しかし、ここまでのポイントを意識しても、すんなりいくときばかりではないですよね。現実はそんなに甘くなく、「ぎゃー」と大きな声で泣き出すこともあります。

私自身、娘がイヤイヤ期真っ只中のときは、お店で、公園で、道路の真ん中で、駐車場で、玄関の前で、ありとあらゆる場所で、「ぎゃー」と泣いて暴れて、一生懸命自分の思いを伝えようとする姿と向き合ってきました。

ですので、今お子さんの「イヤイヤ」に直面しているお母さん、お父さんのお気持ちは手に取るようにわかります。「こっちが泣きたいよ」という日もあるのではないでしょうか。

もう大泣きしてしまっていて手がつけられない……。でも、ここでは泣かせておけないし、どうしよう……！　というときもありますよね。

そのような場合は、子どもがどんなに嫌がっていようと、抱きかかえて移動することがあっても大丈夫です。

しかし、少し意識したいのが、**子どもに一言断りを入れる**ということです。

急に抱き上げられると、ただでさえ「イヤイヤ」怒っているのがヒートアップしてしまうことがあります。

「ごめんね。もう時間ないから抱っこさせてね」「抱っこするよ」などと一言、事前に断りを入れると良いでしょう。

対立ではなく「応援」の姿勢で

イヤイヤ期は、多くの親が身構え、悩んだり疲れたりすることが多い時期です。
しかし一方で、子どもも、ぐんっと大きく成長しようとしている時期でもあります。

「一人でやりたい！　一人で決めたい！　でも、見守っていてね」

それが、イヤイヤ期の子どもからのメッセージなのです。

だからこそ、**子どもを厄介者扱いして子どもと対立するのではなく、〝あなたが自立しようとするのを応援するよ〟と、その姿を支えるサポート役でいたい**ですね。

そのような大人のかかわりが、子どもの自尊感情の発達に繋がるだけでなく、一歩大きく成長しようとしている、この時期の子どもを支えることにも繋がります。

まとめ

- 子どもの思いを受け止めながら、善悪の線引きをはっきりと示す。
- 子どもと対立するのではなく、変革期を迎える子どもの応援団になる。

一人でもできるのに「やって！」と甘える

人に頼ることも「自立」のためには必要

乳幼児期に育んでおきたい「自分でできる」以外の大切な力

本当は自分でできるのに「ママやってー」「できない！」と言って、甘えたり頼ったりする姿が見られることはありませんか？

大人からすると「自分でできるんだから自分でやって」と思うこともあるでしょう。

子どもの育ちにおいて大切なことは、第1章でお話しした通り「自立・自律」です。「自立」においては、〝自分のことが自分でできるようになること〟以外に、もう一つ大切なポイントがあります。

それは、自分が困ったときや自分の力でできないときに人に頼る力です。

頼ったら助けてもらえた、甘えたら受け入れてもらえた。そんな経験を0～6歳の乳幼児期に十分することが大切なのです。

なぜなら、私たち人間は一人で生きていくことはできないからです。自分一人でできないことも当然あります。ときには人に甘えながら、それぞれに助け合って生きています。

だからこそ、「自分でできる力」以外に、「人に頼る力」「人に助けを求める力」も、人間として生きていくためには乳幼児期に育むべき大切な力なのです。

乳幼児期に、甘えたら受け入れてもらえたという経験が十分にできると、「自分は助けてもらえるんだ」「受け入れてもらえるんだ」という感情を抱くことができます。

そして、それらの経験が、「人に頼ってもいいんだ」という安心感に繋がり、いずれは逆の立場になって、誰かが困っているときに助けてあげようといった行動へと変わっていきます。

子どもが甘えてきたときのかかわり三つのポイント

では実際に、子どもが甘えたり頼ったりしてきたとき、どのようにかかわればいいのでしょうか。かかわり方のポイントは三つあります。

❶「手伝いますよ」のスタンスで
❷子どもが選択できるように示す
❸子どもの甘えたい思いを受け止める

一つひとつ見ていきましょう。

❶「手伝いますよ」のスタンスで

かかわりのポイントは、〝あなたのやることを手伝いますよ〟というスタンスで協力するということです。

たとえば、本当は自分で靴下が履けるのに、「できない」「履かせて」と子どもが言ってきたとしましょう。

そのようなときは、「じゃあ、今日はお手伝いするね」などと声をかけて、靴下を広げて足の近くに持っていってあげます。

そして、「ここに足を入れて」と言い、実際に、靴下に足を入れる動作を子どもができるようにサポートしてあげるのです。

初めから終わりまで完全にやってあげてしまうという手伝いの仕方ではなく、あくまでも、子どもが自分でできるように協力するという手伝いの仕方です。

または、「じゃあ、こっちはお母さんがお手伝いするから、こっちは自分で履こう」などと、片方手伝ってあげて、片方は子どもがやるという風にするのもいいですね。

❷子どもが選択できるように示す

その際に、「どっちをお手伝いしてほしい?」「どっちを自分で履く?」などと子どもが自己選択できるようにするのもおすすめです。

自分で選ぶことで、自己選択力（意志力）が育まれます。

人生は選択の連続です。選択肢の中から自分で判断して選び取る力が必要になっていきます。長い目で見たとき、その力を獲得することは、自立や自分で考える（判断する）力にも繋がっていきます。

❸子どもの甘えたい思いを受け止める

子どもの年齢が低ければ低いほど、大人が手を貸すと、「もっと手伝って」「全部やってほしい」と、何度も甘えてくる姿が見られるかもしれません。

また、眠たい、疲れている、お腹が空いているという状況のときには、特に甘えたり頼ったりするものです。私たち大人も同じですよね。

子どもが助けを求めてきたときや甘えてきたときは、完全に突き放したり、拒んだりするのではなく、まずは受け入れてあげて大丈夫です。

状況に合わせて、大人が全部やってあげてもかまいません。

年齢が上がってからも、もちろん甘えたり頼ってきたりすることはあります。

そのようなときも「もう5歳なんだからできるでしょ」と突き放すのではなく、力を貸してあげてください。

「甘える」と「甘やかし」を区別する

「甘えを許したら、この子のためにならないのではないか」と対応に迷うことがあるかもしれません。

けれども、その迷いは「甘える」と「甘やかし」を区別することで解消することができます。この二つは一見同じように見えますが、実は全く違うものです。

■**甘える**

「甘える」とは、信頼している人に自分の思いや要求をさらけ出すこと。

（例）本当は自分で靴下を履けるけれど……

子「できない！　ママやって！」

親「じゃあ手伝うから一緒にやろうね」

■**甘やかし**

「甘やかし」とは、先回りしたり、子どもの要求に振り回されたりしている状態。

（例）子どもが頼んでもいないのに……

親「全部やってあげるから！」と、子どもの着替えに手を貸してしまう。

（例）おやつを買わないと約束していたのに……

子「買って！　買って！！（ぎゃー！）」

親「買ってあげるから、もう泣かないの」と、おやつを買ってしまう。

子どもの発達に必要なかかわりは、「甘える」ことを受け入れるかかわりです。逆に**「甘やかし」は、子どもの自立を阻害することに繋がります**。

甘えていると、自立できないのではないか、という心配は無用です。自立を意識して無理に自分でやらせるより、子どもの思いを受け止め、助けてあげるかかわりのほうが、遥かに子どもの自立を助け、子どもの心を満たすことに繋がるのです。

子どもが大人を頼ったり、大人に甘えたりしてきたときには、ぜひ「あなたのやることを手伝いますよ」のスタンスで子どもの思いを受け止めてあげてください。

まとめ

- 0～6歳の乳幼児期に、助けてもらったり、甘えさせてもらった経験が、子どもの自立を後押しする。
- 子どもを手伝うときは「あなたのやること手伝いますよ」のスタンスで力を貸す。
- 状況に合わせて全部やってあげるときがあっても良い。

何度注意しても直らない

子どもに「いけないこと」を伝えるコツ

言葉で注意するだけでは伝わらない

「おもちゃ散らかさないで！」といつも言っているのに、全然片付けられない。

道路では「走らないの！」と注意しているのに全く聞いていない。

ご飯中に「席立たないで！」と叱っているのに一向に変化がない――。

毎日同じことを注意しているはずなのに子どもの姿が変わらず、イライラしたり、「何回言ったらわかるの⁉」「一体、いつになったらわかってくれるんだろう……」と不安になったりすることはありませんか？

では、そのようなとき、どのようにかかわれば、大人の思いが子どもに伝わるのでしょうか？

子どもに「いけないこと」を伝えるかかわり四つのポイント

かかわりのポイントは次の四つです。

❶やってほしい行動を具体的に伝え、やって見せる
❷子どもの目を見て伝える
❸感情を切り離して伝える
❹繰り返しやって見せる

一つひとつ見ていきましょう。

❶やってほしい行動を具体的に伝え、やって見せる

まず一つ目のポイントですが、これは、四つの中でも一番重要です。

先述しましたが、乳幼児期の子どもは、まだ抽象的に物事を考えることができません。

「やめなさい！」「ダメ！」などと、やめてほしいことを禁止するだけでは、肝心な、やってほしい行動が何なのかが伝わりません。禁止だけだと子どもは、「じゃあ、どうすればいいいの？」となってしまい、行動を変えることが難しくなります。

そのため、具体的にすべきことを教えてもらったり、実際に目の前でやって見せてもらったりすることで、自分のやるべきことがわかり、行動に移しやすくなります。

たとえば、次のようなかかわりです。

・「走っちゃダメ！」↓「ここは危ないから歩こうね。お母さんと手をつないでね」

・（図書館で）「うるさい！　いい子にしていて」↓「みんな本を読んでいるから、これくらいの声でお話ししようね」

・「靴、脱ぎ散らかさないで」↓「今から靴脱いでみるから見ていてくれる？」と言って、玄関で靴を脱ぎ、揃えて置く動作をゆっくりとやって見せる。

このように具体的にすべきことを伝えたり、実際にやって見せたりすることで、「注意する」というかかわりが、「伝える」というかかわりに変化していきます。

❷子どもの目を見て伝える

次に二つ目のポイントです。

これは、毎回すべての声かけを、子どもの目を見て伝えなければならないということではありません。子どもの聞く準備が整ってから話そうという意味です。

子どもの関心がこちらに向いていない状態で伝えたいことを話しても、実は全然聞いていなかったということが起きます。そうすると、私たち大人としては

「何回も言っているのに全然聞いてない！」と、労力を使っている割に変化が見られず、余計にイライラしてしまうことに繋がります。

それを避けるためには、本題を伝える前にワンクッション挟んでから話し始めるというかかわりがおすすめです。たとえば次のような感じです。

・「〇〇くん！　あのね」と子どもの名前を呼んでから話し始める。
・「ちょっといい？」「やっている途中にごめんね」と断りを入れてから話し始める。

また、朝や夕方の忙しいときは、離れた場所から子どもの姿を見ずに注意したり、声をかけたりすることもあるのではないかと思います。

そのようなときも、「聞く態勢が整っているかな」と確認をしてから話すだけで、子どもへの伝わり方は変わっていきます。話しかける前に、ちょっと立ち止まって、お子さんの様子を確認してから話してみてください。

❸感情を切り離して伝える

三つ目のポイントは、感情的にならないようにすることです。

感情のままに「いい加減にしなさい！」「何回言ったらわかるの！」と怒っても、残念ながら子どもに伝わる情報は、「お母さん怒っている」「お父さんに怒られた」ということだけです。そのため、怒りのままに言葉を発してしまわないよう、大人の感情をコントロールすることが大切です。

自立に向かって育んでいきたい力は、〝大人に注意されるからやる力〟ではなく、〝自分で考えて行動する力〟です。

子どもが主体的に行動する力を身に付けられるようにするためには、注意して子どもを動かそうとするのではなく、感情を切り離して、やってほしい行動を冷静に具体的に伝えることが必要です。

子どもの行動に反応してすぐに言い返したり、何か言いたくなってしまったりする場合は、言葉を発する前に一度、深呼吸してみましょう。

あるいは、いったんその場を離れるのもおすすめです。

注意したい子どもの姿を目の前にしながら冷静になることは、とても難しいことです。

まずはその場から離れて、一度気持ちを落ち着かせたり、違うことを考えたりして、ふっと湧いた感情のままに言葉を発してしまわないよう、クールダウンしましょう。

❹繰り返しやって見せる

乳幼児期の子どもは、自分の欲求をコントロールして、善悪を判断して行動する力を育んでいる最中です。この時期は、まだ抽象的な思考はできませんが「吸収する力」はあります。その力のおかげで真似をすることがとても得意な時期なので、大人がモデルとなってやって見せることで、子どもはその姿をどんどん吸収していきます。

しかし、それはたった一回では、できるようになりません。だからこそ**何度も繰り返し伝え、やって見せるかかわりが必要**になるのです。これが最後のポイントです。

大人にとっては少し忍耐のいるかかわりかもしれませんが、大人のそのかかわりが子どもの成長を助け、子どもが自分の足で歩んでいくことに繋がります。

まとめ

- やってほしいことを具体的に伝えたり、やって見せたりする。
- 子どもが聞く準備ができるように、ワンクッション挟んでから話しかける。
- 怒りのままに伝えず、冷静に落ち着いて伝えることを意識する。
- 何度でも同じことを繰り返しやって見せるかかわりが大切。

つい手出し口出しをしたくなる

子どもの「自信」を育むことを優先に

子どもに任せる勇気を持つ

子どもに失敗させないようにと、転ばぬ先の杖としてストップをかけたり、たとえば次のように手出し口出しをしてしまったりする経験ありませんか？

コップに飲み物を注ごうとしているとき、「あ～こぼすからやってあげる」と言ってしまったり。

何かをハサミで切ろうとしているとき、「あ～危ない」「ここ、ちゃんと持たないと」と手を出してしまったり。

お茶をこぼしたり、ハサミで上手に切れなかったりしたとき、「ほら言ったでしょ」「ちゃんと見ないから」と追討ちをかけてしまったり……。

しかし、乳幼児期は、今後生きていくための「人間としての土台（人格、精神的なもの）」を創り上げている時期でしたよね。

自立のために、今まさに様々なことが「できる」ようになろうとしている時期です。私たち大人のような経験値も失敗体験もありません。不十分だけれど、子どもなりの「できた」を繰り返す中で大人に認めてもらいながら、少しずつ私たち大人のようにできるようになっていきます。

それまでの過程は、ごちゃごちゃしていて、大人からすると忍耐以外のなにものでもないかもしれませんが、**それこそが自立への過程**です。

だからこそ、「自立」のためには、子どもに任せ、子どもが自分で経験できるようにすることが大切です。

そのため、9割方は大人に手伝ってもらったとしても、子どもが「自分でできた」という満足感や有能感を高め、自信を育むことが大切です。

子どもから「ママ、（自分じゃできないから）やってー」と頼られていない場合や、子どもが「できた！」と、できたつもりでいる場合は、できるだけ直接指摘したり、子どもの目の前でやり直したりすることは避けましょう。

子どもの自信を育むかかわり五つのポイント

では、子どもの「できた」が増え、自信を育むためには、どのようなかかわりが必要なのでしょうか。

かかわり方のポイントは次の五つです。

❶ **さり気なく手伝う**
❷ **自己訂正できるように助ける**
❸ **「失敗」を挽回できる方法を伝え、環境を整える**
❹ **手や口を出したくなったら3秒数える**
❺ **シンプルに認める**

詳しく見ていきましょう。

❶さり気なく手伝う

子どもが何かできるようになるには、まず成功体験を積むことが大切です。小さなことでも「できた」と感じられる経験を、年齢が低いときから積み重ねることが必要です。

靴を履く、服を着るなどの一つひとつの動作でも、「自分でやった！」と子どもが思えるようにさり気なく手伝ってあげてください。

たとえば、服を着るのでも、服をかぶるところは手伝って、最後の襟口から顔を出すところは子どもに託す。

そうすることで、大半は大人が手伝ったけれど、ぱっと顔を出す最後のトリを自分でするることで、もうそれは立派な「自分でできた！」になるのです。

❷自己訂正できるように助ける

モンテッソーリ教育では、「失敗」を単に「失敗」として捉えません。

「失敗」こそ、子どもにとって最大の「成長」の機会だからです。

そのために必要なことが「自己訂正」です。

たとえば、ボタンを留めているとき、パズルをしているときなど、たとえ大人が子どもの間違いに、子どもより先に気付いたとしても、「あ〜それ間違ってるよ」と直接的に指摘してしまわないようにしましょう。

子どもが自分で間違いに気付き、もう一度トライする。そうすることで、失敗が成功への過程になるからです。

「実際にやってみて、間違いに気付き、自分で訂正し、成功する」。

一人でできるようになるためには、
このようなプロセスの経験が必要。

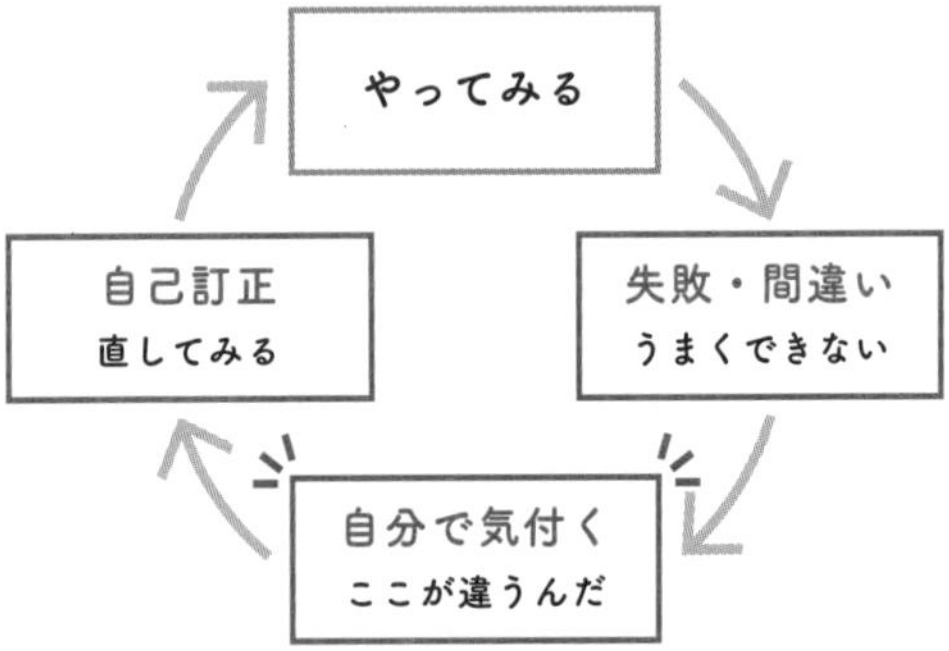

このサイクルを、大人に教えられるのではなく、子ども自身が体験することが大切です。

❸「失敗」を挽回できる方法を伝え、環境を整える

日常生活の中で、子どもが何かをこぼした、割ってしまったなどの失敗をしたときには、後始末の仕方を具体的にやって見せましょう。

たとえば、お水をこぼしてしまったとしたら、次のようにやって見せます。

・こぼれたお水を台拭きや雑巾で拭くやり方を見せる

・**雑巾や台拭きの洗い方や絞り方を見せる**
・**汚れたものの置き場所を知らせる**

そして、再び同じような「失敗」をしたときに、子どもが自分で後始末ができるよう、子どもの手が届く場所に布巾や雑巾を設置し、環境を整えることも大切です。

❹手や口を出したくなったら3秒数える

それでも、子どもが目の前で間違いや失敗をしていると、手や口を出したくなりますよね。

しかし、何事も最初からできるということはありえません。**子どもは、自分の「自立」のために、今まさに「トライ&エラー」を繰り返し、失敗から学んで「できる」ようになる過程の真っ只中にいます。**

「自分でできるようになった」という自信も、間違いが許される安心感も、「やりたい」という欲求が満たされる満足感も、間違いに気付く力も、間違えても再度トライする力も、まさに「今」育んでいる最中なのです。

だからこそ、ついストップをかけたくなったり、手や口を出したくなったりしたときは、心の中で3秒数えて少し待ってみてください！

この3秒があるだけで、子どもに余計な干渉をしてしまうのを防ぎ、子どもの「できた」を後押しすることに繋がります。

❺シンプルに認める

そして、子どもが自分ですることができ、「できた！」と喜んでいるときには、「一人でやったの！　うれしいね」「お父さん、見ていたよ。頑張っていたね」と**子どもの行動、努力をシンプルに認め、子どもの思いに共感してあげましょう**。

「偉い」「すごい」「いい子」と褒めちぎらないと、なんだか物足りない気がするかもしれません。しかし、褒めるという行為には、子どもをコントロールしようとしている大人の思いが隠れていることがあります。

そうすると、〝大人に褒めてもらうために〟〝大人に「いい子ね」って言ってもらうために〝子どもが行動するようになっていく可能性があります。

大切なことは、子どもが大人に褒めてもらうためや大人に評価されるために行動することではなく、〝物事の本質を理解し、自分の意志や判断で行動する〟ことです。

待てど暮らせど自らやろうとしない子には？

一方、慎重派で新しいことに挑戦しないというお子さんの場合、大人からすると「いいから、まずやってみなさい」とお尻を叩きたくなるかもしれません。

でも、ここは焦らなくて大丈夫です。

子どもは、ただやっていないのではなく、今は「インプット」している時期なのです。子どもが持つ「吸収する力」で一生懸命観察して、どうしたらできるのか自分の中に情報をとりためています。

子どもとしては、「できる！」という確信が持てるまで行動したくないのです。

そのため、**決して急がせることはせず、「あなたのタイミングでやればいいのよ」と子どものペースを保障してあげてください**。

また、**「あなたならできると思っているよ」と誰かに無条件で信じてもらうことで、**

子どもは自信や勇気が湧いてきます。

やりたい気持ちはあるけれど、自信がないようなときには、大人がやって見せたり、一緒に練習したりすると良いでしょう。

手出し口出しをせず、子どもが自分でやる時間を保障する。そして、必要なときに必要なサポートをする。

大人のそのかかわりが、子どもの自立を助け、「できた」の経験を増やし、その過程で有能感や自信、自尊感情、自分で取り組む姿勢、失敗しても再びやってみる力などを育んでいくことに繋がります。

まとめ

- 実際にやってみて、間違いに気付き、自分で訂正し、成功する。このサイクルを子ども自身が体験することが大切。
- ついストップをかけたくなったり、口や手を出したくなったら、心の中で3秒数えて少し待ってみる。

COLUMN

「なんで？」と何度も聞いてくる

興味、関心、疑問は子どもの学びの芽

3歳頃になると「なぜなんだろう？」という疑問がたくさん浮かんできて、浮かぶと即座に、「なんで？」「どうして？」といった【Why？】の質問が増えていきます。

この頃は、「言語の敏感期」でもあり、子どもはおしゃべりが大好き。起きている間はずっと話しているのではないかと思うほど、口が動いて動いて仕方ありません。

親としては子どもの成長がうれしい反面、次々とやってくる質問に、答えるのがちょっと面倒になったり、「なんでだろうね〜」と軽く流したくなることもあると思います。

しかし、この「なんで？」「どうして？」の質問が増える時期こそが、子どもの学びの芽になり、生涯行っていく「学ぶ」行為の基礎を育むベストなときなのです。

内側から湧き出る動機こそが学びの原点

子どもの成長過程において、自分の内側から湧き出る興味や関心、疑問などの動機（内発的動機）は必要不可欠です。

この内発的動機があるから、子どもは物事に自分の注意を最大限に向け、夢中になって取り組むことができます。

そして、子どもはその過程で、新たな発見をしたり間違いをしたり試行錯誤したりしながら、集中力を身に付けたり、満足感を味わったり、遂行する力などを育んだりしていきます。

そこで、学ぶ楽しさや知る喜び、充実感を感じられると、その心地良さを「もう一度経験したい」という思いが子どもの中に生まれ、

また別の新しい物事に興味を持ったとき、自らそれに取り組むようになります。

こうしたプロセスを繰り返すことで、自ら取り組んだり、夢中になったりすることが、子どもにとっての当たり前になったとき、この学びの姿勢が習慣化されていくのです。


「大人に言われるからやる」「やらないと怒られるからやる」「やるとご褒美がもらえるからやる」という外側からの動機で物事に取り組んでも、このような学びへの意欲は、なかなか得られません。

自分の内から出てくる動機こそが、学びの原点になるのです。

第3章

日常生活の「できる」が増える親のかかわり方

食事中に席を立つ・ものを落とす

食事のマナーを楽しく教えるには？

しっかり食べて健康に育ってほしいけれど…

離乳食が始まると、新たに「食事」の悩みが出てきますよね。

よく食べる子もいれば、あまり食べない子もいます。

椅子に座って集中して食べてほしい、しっかり食べて健康に元気に大きくなってほしいと親であれば誰もが願います。

しかし、現実は食事中にものは落とすし、座っていられないし、楽しい時間はどこへやら……。食事の度に疲れてしまうということもありますよね。


食事は生きていくために必要不可欠な行為です。

乳幼児期は特に、食事を通して栄養補給をするだけではなく、**大好きな人と一緒に食べる喜び、味や匂いや食感など五感をフルに使って感じる心地良さ、お腹が満たされる満足感などを経験することがとても大切です**。

だからこそ、楽しく、穏やかな雰囲気で食事をしたいですよね。

楽しい雰囲気の中で食事のマナーを身に付けるために大人ができることを見ていきましょう。

安心して食事に集中できる環境を整える

子どもにとって、足が地（足台）に付かないというのは、不安で心地が悪いことです。そのため、子どもは椅子から立ち上がりたくなったり、ひざを立てて座りたくなったりします。

子どもが安心して食事ができるように、椅子は子どもの背丈に合うものを選びましょう。足が床や椅子の足台にベッタリと付く高さに調節することも必要です。

子どもはすくすく成長していくので、「高さは合っているかな？」と、時折確認してあげるといいでしょう。

ローチェアであれば、少し重めの椅子で子どもがぐーっと押しても簡単には動かないような椅子がおすすめです。

ハイチェアであれば、転落防止のためのベルトがついている場合は、ベルトを着用して座ることをおすすめします。

このように、子どもが使う「道具」が子どもに合っているかどうか配慮することが、実は子どもの自立を助ける大きな要因になります。

さらに、子どもが座る位置からおもちゃがよく見えると、つい遊びたくなったり、取りに行ったりしたくなります。

そのため、子どもが座る位置を、遊び

コーナーに背を向ける位置にしてあげるのも一つの方法です。

また、テレビがつきっぱなしだと、気が散って食べることに集中できなくなってしまうため、乳幼児期は特に「食事中は切る」というメリハリも必要です。

食事中のかかわり四つのポイント

次に、大人のかかわり方を見ていきましょう。ポイントは次の四つです。

❶「座って食べる」を徹底する
❷上限時間を決めてキリをつける
❸ものの使い方を繰り返し伝える
❹子どもの欲求はおもちゃや活動で満たす

詳しく見ていきましょう。

❶「座って食べる」を徹底する

先述しましたが、運動の敏感期にいる時期の子どもは、動きたくて仕方がありません。落ち着きのなさに辟易《へきえき》してしまうこともあるかもしれませんが、「今はそういう時期だよね」と少し俯瞰することで、子どもの行動を肯定的に捉えることができます。

しかし、だからと言ってなんでもしても良いということでは、もちろんありません。「していいこと」と「しないこと」の線引きが必要です。

食事中に席を立って遊び出すときには、「食べているときは座ろうね」と一貫して伝えていきます。

ここで重要なことは、**子どもが遊びに行った所まで追いかけて食べさせることはしない**ということです。追いかけて食べさせることで「遊びに行っても、ご飯は食べられる」と子どもは吸収してしまいます。

本来、吸収してほしいことは「席に座って食べる」ということなのにもかかわらず、これでは真逆のことを吸収することになってしまいますよね。

子どもが席を立っているときは、「食事をするときは座るよ。ここに座ろうね」と伝えながら、自分で戻ってこられる年齢であれば待ちます。

待てど暮らせど自分で戻ってこないときは、子どものいる場所に行き、「席に戻ろうね」と声をかけて一緒に戻ったり、ときに抱っこして戻ったりすることが必要です。

❷上限時間を決めてキリをつける

食事にあまりにも時間がかかると、集中力が切れ、満腹中枢も刺激されて、食がますます進まなくなります。30分以上かかるときには、「これを最後の一口にしよう」「あとこれだけにしよう」などと終わりを示して、キリをつけることも必要です。だらだら食べにならないようにしたいですね。

❸ものの使い方を繰り返し伝える

また、食事中にものを落とすということもありますよね。手を離すとものが落ちることに気付き、楽しくて手をぱっと開いて落としたり、もう少し年齢が上がってからも、大人の反応が見たくて繰り返し落としたりすることがあると思います。

そのようなときは、「これはスプーン。スプーンはこうやって使うものなのよ」と、どうやって使うものなのかを繰り返しやって伝えていきます。

❹子どもの欲求はおもちゃや活動で満たす

また、「ものを落としたい」という子どもの欲求を、活動や遊びの中で満たしてあげられるようにしていくのも一つの方法です。たとえば、穴の空いた箱にボールや玉を「落とす」などの活動を用意することで、欲求を満たしてあげることができます。

もし、大人の反応を見るために子どもが故意に落としているようなときは、あまり反応せず、その場を一度離れたり、「拾おうね」とシンプルに伝えたりしましょう。大人の困っている反応や怒っている反応を求めて子どもがそのような行動をしているときは、反応しないことが必要です。

食事中に座ることやスプーンやフォークを使うこと、食べものを落とさないようにすることは、一度伝えてもすぐにできるようになることではありません。

しかし、線引きに一貫性を持ちながら柔軟に対応していくことで、少しずつ自席に着いて食事ができるようになっていきます。気長に諦めず伝えていきましょう。

まとめ

- 子どもが落ち着いて食事に集中できるよう環境を整える。
- この時期は運動の敏感期であることを理解する。
- 「座って食べる」というルールを一貫する。
- ものを落としたいなどの欲求は、遊びの中で叶えられるようにする。

歯磨きを嫌がってやろうとしない

歯磨き嫌いをなくして習慣にする工夫

無理やり歯を磨かれることは苦しいこと

歯磨きが嫌いで、子どもが一向に磨かせてくれないということ、ありますよね。

初めに理解しておきたいことは、人間にとって、顔はとても敏感でプライベートなゾーンということです。

その中でも口に何かを入れられるということは、決して心地のいいものではありません。

大人のペースで無理やり歯を磨かれることは、子どもにとってとても苦しいことだということは、心得ておいてあげたいですね。

歯磨きを習慣化するかかわり四つのポイント

では、子どもに歯磨きをする習慣が身に付くために、大人にできることはどんなことでしょう？　ポイントは四つあります。

❶「食べたら磨く」をルーティンにする
❷鏡を使って磨き方を伝える
❸歯磨きの必要性を伝える
❹焦らず忍耐強く

一つひとつ見ていきましょう。

❶「食べたら磨く」をルーティンにする

まず歯が生え始めてきたら、「食事をしたら歯ブラシをくわえる」ということが習慣になるようにしましょう。ほんの数秒で構いません。食事をしたら子どもが自分で歯ブラシを口にくわえます。

それを毎食後することで、食べたら磨くという習慣が身に付いていきます。

決して無理強いはせず、嫌がっているときは待ってあげましょう。

喉につかえないように柄の短い歯ブラシや留め具がついた歯ブラシがいいでしょう。

子どもの好きな歌を歌いながら磨いたり、「上の歯磨きます〜！　汚れが落ちていますよ」などと実況中継したりしながら磨いたりするのもおすすめです。

❷鏡を使って磨き方を伝える

私たち大人は「口の中がどうなっているのか」「歯がどうなっているのか」をすでに知っているので、当たり前に想像することができます。

しかし、子どもはまだ歯を磨かれているときに、自分の口の中で何が起こっているのか想像することができません。そのため、余計に怖かったり、心地悪かったりして嫌がります。

そこでおすすめなのが、鏡を用意するということです。1歳半頃になり、鏡の中にいる人が自分だとわかるようになってきたら、子どもが無理なく見られる場所に鏡を用意してあげましょう。

そして、その鏡の前で、子どもの歯を一緒に見ながら、「見て！　ここの歯、磨くね」と仕上げ磨きをしてあげると、子どもは自分の口の中で何が起こっているかがわかり、安心することができます。

もう少し年齢が上がってきたら、鏡の前に一緒に座り、大人は大人の歯ブラシを持ち、子どもは子どもの歯ブラシを持って、鏡越しに歯磨きの仕方をゆっくりやって見せます。そうすることで歯磨きの仕方を知り、自分でも磨けるようになっていきます。

❸歯磨きの必要性を伝える

また、絵本や図鑑を使って歯がどうなっているのか、歯磨きをしないとどうなるのかなどを一緒に見て話していくこともおすすめです。

歯磨きをする必要性を認識できるように、磨かないとどんなリスクがあるのか（虫歯になる、歯が溶けるなど）を現実に基づいてお話しすることも、ときには必要です。

❹焦らず忍耐強く

「虫歯にならないように、ちゃんと磨かなくては」という思いから、子どもが泣き叫んで嫌がっていても、無理やり押さえつけて磨いてしまうことがときにあるかもしれません。親としては、そうでもしないと磨かせてくれないから……という思いもありますよね。

しかし、歯磨きが嫌いになってしまっては元も子もありません。習慣になるまでは、一回の歯磨きにとても時間がかかりますが、無理強いせず、鏡を用意してみたり、歌を歌ってみたり、絵本を読みながら磨いてみたり、大人と磨き合いっこをしてみたりと、**色々な方法を試しながらお子さんの気持ちがついてくるのを待ってあげましょう。**

ときには、エネルギーが切れて歯磨きをせずに子どもが寝てしまうこともありますよね。でも、そんな日があってもいいのです。そのようなときは、寝たあとに濡らしたガーゼで歯を拭いたり、歯ブラシを軽く当てたりしてあげましょう。

歯磨きが「無理やりされるもの」という位置づけではなく、「歯をきれいにするために磨くもの」という本来の位置づけで子どもが認識していけるよう、時間と根気が必要ですが、ここは少し忍耐強くかかわってみてください。

まとめ

- 食べたら歯磨きをすることを習慣化する。
- 口の中にものを無理やり入れられたり、強い力で歯磨きされるのは苦痛なこと。
- 鏡を用意して、「歯を磨く」ということを子どもが見られるようにする。
- 歯磨きの役割や虫歯のリスクを視覚教材を使って話す。

一人で着替えられない

「自分で着替えたい」気持ちになるコツ

子どもが一人で着替えをしたがらない理由

1歳半頃になると、なんでも「自分でやる！」とやりたがる時期がやってきます。

子どもがやりたがるということは「今」それができるようになるためにエネルギーが出ているということ。やりたがったときこそ、できるようになるチャンスです！

しかし、それとは逆に、やりたがらないことをやらせるのはとても難しいことです。

子どもが一人で着替えたがらないのには、次のような理由が考えられます。

・大人がやってくれるものだと思っている

・やり方がわからない
・洋服が原因で「自分で着る」を難しくさせている

では、これらの理由を踏まえ、子どもが自分で着替えられるようになるためには、大人はどのようにかかわると良いのでしょうか？

一人で着替えられるようになるかかわり三つのポイント

子どもとかかわるときに、まずは次の三つのポイントを意識してみましょう。

❶できることは子どもに託す
❷7～8倍ゆっくりやって見せる
❸自分の力で着替えられる服を選ぶ

一つずつ順番に見ていきます。

❶できることは子どもに託す

まだ自分一人ではお着替えができない時期は、大人がすべてやってあげますよね。

しかし、実はそのときから **〝子どもが参加できるようにする〟ことが、キーポイント**になります。何もできないからなんでもパッパッと大人が事務的にやってしまうと、子どもはただそこにいさえすれば着替えが完了してしまいます。

しかし重要なのは、**子どもが参加できるようなかかわりをして、子どもが着替えを「自分事」として捉えられるようにすること**です。

たとえば、ズボンを履くときに大人が完全に履かせてしまうのではなく、ある程度のところまで足を誘導して、最後に足を裾から出すところで、「足ピーンって出せるかな?」と子どもが自分で足を出すのを待ってあげる。

またはズボンの履き口を広げ、「ここに足を入れて」と子どもに足を入れてもらう。

1から10まで大人がやってしまうのではなく、発達度合いに合わせて「〝できるところ〟は部分的に子どもに託す」という姿勢が、子どもの身辺自立を助けていきます。

そうすることで、子どもからすると、「ただ大人しくしていれば大人がやってくれて気付いたら終わるという〝他人事〟から、「大人に手伝ってもらって自分で着替えをするという〝自分事〟」に変わっていきます。

身辺自立は、いかに子どもがこの作業を〝自分事〟として捉えられるかが重要です。

❷7〜8倍ゆっくりやって見せる

自分でやりたい気持ちはあるけれど、やり方がいまいちわからず、実行できないということもあります。

そのようなときは、たとえば、「Tシャツを着る」という部分だけを切り取って、7～8倍ゆっくりにして子どもに着るところをやって見せることが大切です。Tシャツの着方、ズボンの履き方、靴下の履き方などを大人が自分の持ちものを使って、ぜひやって見せてあげてください。

繰り返しやって見せてもらうことで、「そうやってやるんだ！」ということを子どもは吸収して、自分でやる力へと変えていきます。

❸自分の力で着替えられる服を選ぶ

洋服に原因があってやりたがらない場合もあります。

子どもの握力や腕の力は大人より遥かに弱く、自分の身体を思い通りに動かす力もまだ未発達です。

さらに自分の身体のボディイメージを認識している最中なので、大人のような力で軽やかに思い通りに身体を動かすことができません。

たとえば、伸縮性がなく背中にボタンがついているブラウスは、腕を通すのが困難になるだけでなく、大人に手伝ってもらわないとボタンを留めることができません。

また、Tシャツの襟口がとてもしっかりしているTシャツは、子どもが首を出そうと思っても、子どもの力では引っ張ることができません。タイトでピチッとしたデニムなども、子どもの力では引っ張ることが難しく、裾から足を出すときに、なかなか足が出ないということが起きます。

これらは、子どもが自分でやろうとしているのを洋服が難しくさせてしまう例です。

もちろん、そういう洋服を一切着せてはいけないわけではありませんし、かわいい洋服を見ると、わが子が着ているのを想像して、ワクワクする気持ちもとてもよくわかります。

ただ、子どもが自分でやりたがる時期は特に、伸縮性が良く、子どもが自分の力で着られるような洋服が、「自分で着る」ことの大きな助けとなっていきます。


「自分でやりたい！」というときが最も「できた」に繋がるチャンスです！

子どもから「自分でやる」と溢れんばかりのエネルギーが出ているのに、洋服の難易度が高くて「できない」に繋げてしまってはもったいない。
そこで「やりたい」エネルギーを「できた」に繋げることができれば、子どもは満足感や充実感を感じるだけでなく、自信や有能感を感じることができるのです。

大人の手が必要な洋服は、休日のお出かけの日に限定して、平日は子どもが着やすい洋服にするなどバランスをとりながら、子どもの「できた！」を助けることに重きを置いて、洋服という物的環境を整えてあげたいですね。

まとめ

- 大人のペースでやってしまうのではなく、子どもが〝自分事〟として捉えられるよう、子どもが参加できる部分は託して、子どもが自分でできるようにする。
- 着方や脱ぎ方を7～8倍ゆっくりにして子どもにやって見せる。
- 洋服が子どもの「できた」を助けるものであるか配慮する。

遊んだものを片付けない

「片付ける力」を育むためにできること

片付けられるようになるかかわり五つのポイント

遊ぶだけ遊んだあと、子どもが片付けられなくて困っているというお母さん、お父さんも多いと思います。片付けは、片付けられる環境を整え、日々の積み重ねで習慣にしていくことが一番効率的で、かつ子どもの力に繋がっていきます。

子どもが片付けられるようになるためには、ポイントが五つあります。

❶ものの数を厳選する

❷ものの置き場所を決める

❸一つ使ったら戻してから次のものを出す

❹行動の区切りで片付ける
❺大人がモデルとなって片付ける

一つひとつ見ていきましょう。

❶ものの数を厳選する

子どもを見ていて最近使っていないなと思うものがあれば、片付けて「今」子どもに必要なものだけを出し、ものの数を厳選しましょう。ものが溢れた雑多な状態では、使いたいものがどこにあるかがすぐにわからず、子どもにどれで遊ぶかを決めるのを難しくさせてしまいます。

たくさんある選択肢の中から一つを選び取るためには、「意志力」が必要です。

しかし、子どもは「意志力」を育んでいる最中です。未発達の意志力を使ってものを選び取るためには、選択肢が限られているほうが子どもは選びやすくなります。

また、0～4歳前後は、第1章でもお話しした通り、「秩序の敏感期」でもあります。そのため、すべてのものが一度に変わってしまうと「私のものがない」と不安に感じてしまいます。

環境を整えるときは、一度にすべてを変えるのではなく、使っていないものを数個片付ける、あるいは新しい活動やおもちゃと取り替えるようにしましょう。

ある程度年齢が上がってきたら、子どもと相談しながら、どれを片付けるのか決めるのもいいですね。

❷ものの置き場所を決める

活動やおもちゃを厳選したら、それらを、決まった場所に一つずつ丁寧に置くことがおすすめです。そうすることで、常に整理整頓されているだけでなく、〝どこに片付ければいいか〟が子どもにとってわかりやすくなり、子どもの片付ける力を助けることに繋がります。

また、**おもちゃを雑多に一つのカゴに無秩序に入れるのではなく、一つひとつを並べて置くことで、ものを丁寧に扱うことにも繋がります**。

一つのカゴにたくさんのおもちゃが入っている場合、遊びたいものを取り出すため

に、その上にあるいくつかのおもちゃを取り出さなくてはなりません。
そのとき、子どもの目的は「遊びたいものを取り出すこと」であるため、それ以外のおもちゃには注意が向かず、上にあるいくつかのおもちゃを投げ出すようにカゴから取り出してしまいます。

こうした子どもの姿を見ると、私たち大人は「壊れるよ」「大事に使って」と声をかけたくなりますよね。
しかし、まだ同時に色々なことに注意を向けることが難しい子どもは、「遊びたいものを出す」ことを目的にしながら「他のものを丁寧に扱う」ことを意識することができないのです。

この状況は、一つひとつのおもちゃを棚に並べておくことで解決できます。**子どもではなく環境を変えることで、子どもの姿に変化が表れる**のです。

❸一つ使ったら戻してから次のものを出す

たとえば、子どもがハサミ遊びをしていたとしましょう。少し経ったら、パズルに興味を持ち出し、ハサミ遊びの途中で、パズルで遊ぼうとし始めた……。

このような場合は**「使っていたものを片付けてから、次のものを出す」というルールを設け、習慣になるようにかかわっていくことが大切**です。

まずは「もう、ハサミ遊びは終わりかな？」と確認し、終わりであれば「ハサミを片付けてからパズルしようね」と声をかけ、ハサミ遊びの片付けを一緒に手伝ったり、子どもが片付けられるよう見守ったりすると良いでしょう。

●大人の声かけが届かないときは

しかし、子どもがパズルに夢中になり出すと、声をかけてもその声は届きません。

1～2歳の頃は特に、「今」目の前でやっていることに夢中で、場を離れると、さっき使っていたもののことは、もう頭から離れてしまいます。

そのようなときは、**少し待ちます**。そして、やっていることの糸がふっと切れ、一息ついたときに、「ハサミ遊び、片付けようか」と、子どもにもう一度声をかけてあげると良いでしょう。

もちろん一息ついたときに「パズルできた！」などと子どもが言ったら、その思いをまずは受け止めてあげてください。

子どもに声をかけても全然届かないときは、子どもがアクションを起こしやすいように工夫してみるのも一つの方法です　たとえば、声かけだけで子どもを動かそうとするのではなく、棚に戻してほしいものを子どもの目の前に持っていき、「これを棚に戻してね」と直接渡すことで、子どもはアクションを起こしやすくなります。

❹行動の区切りで片付ける

出したおもちゃが出しっぱなしになり、気付くと部屋の中におもちゃや道具が溢れかえっているということもあるかと思います。何から片付けたらいいのか、子どももわからなくなってしまう状態ですね。

そのようなときは、**「行動の区切りで片付ける」ように習慣づけて**みましょう。

たとえば、出かける前、食事の前、お風呂に入る前など、行動が変わるときには一度片付けるというルールにすることがおすすめです。

そうすることで、行動が終わったら、次の行動に移る前に、使っていたものを元の場所に戻すことが当たり前になり、自分から片付けられるようになっていきます。

4歳以降になると「まだ続きがしたい」と、片付けずに残しておきたがることもでてくると思います。

そのようなときは、続きがしたいものだけ残して、あとは片付けたり、続きがしたいものを置いておく場所を決めたりするなど、各ご家庭でルールを決め、子どもが自ら考えて行動できるようにしていくと良いでしょう。

❺大人がモデルとなって片付ける

最初から一人で片付けができるということはありえません。

まずは大人がモデルとなり、どのように片付けるのかやって見せたり、一緒に片付けたりしながら、〝ものを片付けるとはどういうことなのか〟ということを行動で伝えていきましょう。

子どもの片付ける力がつくまでは、大人の力を貸し、最後のトリを子どもに託すことで「自分で片付けられた！」と感じられるようにしていくと良いでしょう。

片付けは習慣にすることが大切

片付けは、環境を整え、日々の習慣にしていくことで自然と身に付いていきます。焦る必要はありません。

そして、大人自身がものを丁寧に扱ったり、使ったものを片付けたりしている姿を、子どもは見ていないようでしっかりと見ていて、それを自分の中に吸収していきます。

日常生活の中で、大人自身がものを当たり前に片付ける姿が、子どもの片付ける力に影響を与えていくのです。

まとめ

- ものの数を厳選し、棚に一つひとつ丁寧に整頓して置く。
- 使ったものを片付けてから次のものを出すというルールを設け、片付けられるよう声をかけていく。
- 大人が子どもと一緒に片付けながら、大人の片付ける姿を見せて、子どもがその姿を吸収できるようにする。

COLUMN

モンテッソーリ流おもちゃ・絵本の選び方

本物を大切に

モンテッソーリ教育では、「本物（リアル）」を大切にしています。

「何か食べ物を切る」のであれば、おままごとのプラスチックや木製の食材ではなく、本物のピーラーや包丁を使って、本物の野菜や果物を切ります。

また、他の活動においても、キャラクターなどは使用せず、「本物＝現実」により近いものを選びます。パズルの内容、絵本などにおいても同様です。

選ぶときの判断基準

おもちゃや絵本を選ぶときの判断基準としては、「この現実世界でもやることなのか」という点がポイントです。

たとえば、絵本であれば、「くまが服を着て、フォークとスプーンを使って食事をする」などの内容があると思います。

このようなファンタジーが絵本の醍醐味という意見もありますが、モンテッソーリ教育の考え方では、まず乳幼児期は、「今、自分が住んでいる世界に適応すること」が優先課題であるため、できるだけ現実に即した絵本を意識的に選ぶようにします。

3～6歳頃になると、少しずつ「現実」と「ファンタジー」の違いがわかり、ファンタジーを楽しめるようになってきます。

しかし、それでもまだ3～6歳頃は、そのファンタジーが本当なのか、現実世界でも起きうるのか、それとも創り話なのかの区別をはっきりつけられないため、現実にそった内容の絵本を意識的に選ぶと良いでしょう。

参考までに数冊ご紹介します。

（ほんの一例ですのでお子さんのお気に入りの絵本を見つけてみてください！）

- **『どうぶつのおかあさん』（絵）薮内正幸（文）小森　厚／福音館書店**
- **『おててがでたよ』（作）林明子／福音館書店**
- **『おかあさんがおかあさんになった日』（作・絵）長野ヒデ子／童心社**
- **『どうぶつえんのおいしゃさん』（作・絵）降矢洋子／福音館書店**

おもちゃや絵本の収納のヒント

モンテッソーリ教育では、道具を活動ごとに分け、トレーやカゴに入れて棚に整理して並べます。

そうすることで「今やりたい」と思っている気持ちをすぐに叶えることができます。

乳幼児期は、「あっちにこれを取りに行って、こっちにこれを取りに行って」とやっているうちに、やりたいことを忘れてしまう時期です。

そのため、使う物をトレーやカゴにひとまとめにして整理しておくことで、それを防ぎ、子どもの「やりたい」を実行することを助けます。

また、そのトレーやカゴに入れて棚に戻すだけなので、「片付け」をよりハードルの低いものにもしてくれます。

具体的な収納例については、第3章で紹介しているイラストを参考にしてみてください。

約束を守れない
子どもとうまく約束をするヒント

どうして約束が守れないの？

「今日はおやつ買わないよ」「終わったら片付けよう」「今からは静かにしていてね」などと子どもと約束をしても、いざその場に行くとそんな約束はどこへやら……。

約束したことはなかったことになってしまい、「さっき約束したでしょ？」「なんでお約束守れないの？」と思わず言いたくなってしまうことがあるかもしれません。

どうして子どもは約束を守ることができないのでしょうか？

子どもは決してわざと約束を破っているわけではありません。約束を守れないのは、乳幼児期の子ども（特に0～3歳）が〝現在（いま）〟を生きているからです。

私たち大人のように「帰ったら○○しなきゃ」「あの時ああしておけば良かったな」などと未来や過去のことは考えていません。常に「今、ここ」、身体がある場所のことを考えています。年齢が低ければ低いほど、そのような姿が見られます。

そのため「今日はおやつ買わないよ」と約束をしても、今その場では「わかった」となりますが、いざスーパーへ行っておやつを目の前にすると、「おやつほしい！」の気持ちでいっぱいになって、過去に約束したことはどこかへ行ってしまいます。

しかし、それは子どもが〝約束を守れない子〟なのではなく、〝そういう時期〟なのです。

約束を守れるようになるかかわり五つのポイント

では、子どもが約束を遂行できるようになるために、どのようなかかわりが必要なのでしょうか。次の五つのポイントを意識してかかわるのがおすすめです。

❶行動する前に伝える
❷直前で再確認

❸ぐずっても約束を一貫する
❹守れたら「行動」をシンプルに認める
❺大人が約束を守る姿を見せる

詳しく見ていきましょう。

❶行動する前に伝える

たとえば、買い物に行った先で、今日はおやつを買わないという約束を子どもとする場合、まず家を出る前に、「今日は何を買うためにスーパーに行くのか」を子どもに話します。そして、「今日は、食事の材料を買いに行くよ」と伝えたら、そのあとに今日はおやつは買わないことを伝えます。

このとき、大人は言ったつもりでも、子どもが聞いていないということも起こりうるので、子どもの顔を見て話をしましょう。すると、子どもも認識しやすくなります。

❷直前で再確認

そして、スーパーについたら、お店に入る前にもう一度再確認をします。

ここがポイントです。先ほど約束したことは、子どもにとって、もう「過去」のことになっている可能性が高いので、「今」もう一度確認することで、子どもは家を出るときに大人が話したことを思い出せるのです。

このように、一回だけ言うのでなく、段階を経て確認をすることで、約束した内容を「過去」のこととして忘れずに、「今」その場でも思い出せるようになります。

おやつを目の前にしてからだと、欲求に負けて約束はどこかへ消えてしまうため、スーパーに入る前（おやつを目にする前）に再確認することで、お子さんも冷静に約束を再認識することができます。

❸ぐずっても約束を一貫する

実際にその場に行ったとき、子どもが欲しがった場合は、「今日は買わないお約束だったよね」と改めて約束を確認します。そこで子どもがぐずったり、だだをこねたりしても、もともと約束していたことを貫き通しましょう。

❹守れたら「行動」をシンプルに認める

約束を守ることができたときには、子どもの行動をシンプルに認めてあげるかかわりが大切です。

そこで、「いい子ね」「お約束守れて偉い！」と子どもの人格を褒めちぎったり、おだてたりする必要はありません。「約束を守れる＝いい子、偉い子」ではありません。それは、「大人にとって都合のいい子」ですよね。

「約束を守ってくれたのね、ありがとう」「買いたいけど我慢したんだね」などと、子どもの行動を認めてあげましょう。

❺大人が約束を守る姿を見せる

そして、最後に重要なポイントがあります。それは、大人が約束を守ることです。

その場をやり過ごすために、「あとでやってあげるから」「今度ね」などと軽い約束を子どもにすることがありませんか？

実際、あとになると、子どもも忘れていて要求してこないので、「まぁいいか」と、なかったことにしてしまう……。身に覚えのある方も、いらっしゃるかもしれません。

この場合、たとえ子どもが忘れていたとしても、「あとでやってあげるって言っていたから、今やろうか?」などと大人から約束を遂行する姿を見せることが大切です。

そうすることで、「お母さんは約束を守ってくれる」「お父さんは、絶対に覚えていてくれる」という**親子の信頼関係が育まれるだけでなく、〝約束は守る〟ということを当たり前のものとして子どもが吸収していきます**。

どんなに言葉で「約束は守るものよ」と子どもに教えても、大人が約束を守らない姿を見せていると、子どもは言葉と行動の間に矛盾を感じてしまいます。

そして、**子どもは言葉より行動をより信じ、吸収していきます**。

だからこそ、私たち大人が約束を当たり前に守ることが大切なのです。

約束を守る経験はスモールステップで積んでいく

約束は、いきなりすぐに守れるようにはなりません。「自分の欲求をコントロールする意志力」や、「約束を覚えておく記憶力」の発達に伴って、できるようになっていくものです。

子どもが何かを少し意識的にするようになる2歳半頃になってきたら、少しずつ小さな約束をすることから始めてみましょう（もちろん個人差があります）。

小さな約束とは、たとえば玄関に入る前に「お家に入ったら一番に手を洗おうね」と約束をする、車通りの多い道路に出る前に「ここからは手をつないで歩こうね」と

約束をする、などすぐに実行できるものがおすすめです。

このような小さな約束を忘れることなく実行に移すことが、「できた」という成功経験に繋がっていきます。

スモールステップで、約束を守る経験を積み重ねていくようにすると良いでしょう。

叱ったり罰を与えたりしない

もし約束が守れなくても、決して叱ったり怒ったりする必要はありません。

乳幼児期は、まだ意志力を育んでいる最中です。意志力が育まれるにつれて、自ら約束やルールなどを守ろうとする〝自己規律〟が見られるようになっていきます。大切なのは、大人に怒られるから約束を守る、大人に見られているときは約束を守るという見せかけの自己規律ではなく、子どもが必要性を感じて自分で判断し、自分を律していく力を獲得していくことです。

そのため、長い目で見て、子どもの内側から自己規律が生じるように、スモールステップでかかわっていきましょう。

まとめ

- 0〜3歳の時期は、約束が守れない子なのではなく、〝そういう発達段階〟。
- 2歳半くらいになったら、すぐ実行できる小さな約束をしてみる。
- 約束したときは、何度か段階を経て確認し、子どもが思い出せるようにする。
- 約束を守ることができたときは、褒めちぎるのではなく、シンプルに行動を認める。

集中力が続かない
大人が気付いていないだけ？　実は子どもは集中している

「集中」は生まれたときから始まっている

一つのことに集中できず、すぐ気が散ったり、なかなか集中できなかったりする子どもの姿に、どうしたものかと頭を抱えることはありませんか？

こうした悩みは、ある程度年齢が上がってからのことだと感じている方もいらっしゃるかもしれません。

しかし、実は物事に夢中になるということは、誕生したときから始まっています。

この未知の世界に誕生してから、特定の大人に、「自分がアクションを起こしたら反応してもらえる」「自分は受け入れられている」という安心感や信頼感、「いつも自分にまなざしを向けてもらえる」という自分に興味を持ってもらう経験が、次は、自分が外界（周りの人やもの）に興味を持つことに変わっていきます。

すると、子どもは興味を持ったものに触れてみたり、「なんだろう」と夢中になったりするのです。

集中は大人がさせるものではない

モンテッソーリ教育では、「集中」が重要だと考えられています。

しかし、**「集中」は子どもの中から自然に生じるものであって、大人がさせるものではありません**。「集中」を重視するあまり、ウロウロする子どもに苛立って「集中」を強要しては本末転倒です。

私たち大人でも、仕事や趣味に集中できる日もあれば、なんだか今日は調子が出ないなという日もありますよね。

食欲、睡眠欲など基本的な欲求がしっかりと満たされ、自分の安心できる場所で興味・関心を持てるものに出会ったときに初めて集中は起こります。

子どものために環境を用意すれば、いつでもどんなときでも集中するはず！　という思考でがんじがらめにしてしまうと、集中しないわが子が、なんだかダメな子に思えてきてしまいます。

しかし、子どもにもタイミングがあります。今はまだ数分しか集中できないかもしれませんし、数日に一回しか集中しないかもしれません。

また、年齢が低い0～2歳頃は特に、いつもやっていることすべてに長く集中することはできません。意志力を育んでいる最中なので、やっていることがあっても、ふっと何か新しいものが目に入ると、ふらっとそちらに身体が動いてしまうのです。コロコロとやることを変えるので、一見、全然集中していないように見えるかもしれませんが、そういう時期であることを理解してあげましょう。

生活の中で子どもが集中している姿に目を向ける

また、「集中」の時間は、子どもが机と椅子（または床）で用意した活動に取り組んでいるときだけではありません。

たとえば、子どもと過ごす日々の中で、次のような姿が生活の中で見られることはありませんか？

・公園に行くと石をたくさん見つけては集めている
・積み木を倒れないように積もうと必死になっている
・お母さんのパジャマのボタンを一生懸命留めようとしている
・お父さんが読んでくれる絵本をじーっと見て聞いている
・一人で黙々と図鑑を見ている
・自転車に乗れるように、転んでもまた練習をしている

などなど、挙げたらキリがありません。

大人は見逃しているかもしれませんが、このように実は生活の中で、子どもが何かに夢中になっていることや集中していることは多くあるのです。

大人が思う「これに集中してほしい」ことと、実際に「子どもが集中している」ことがマッチしないと、私たち大人は〝集中した認定〟ができず、「集中していない」と思いがちです。

しかし、もう少し視野を広げてみてください。

そうすることで、実は気付いていなかったけれど、生活の中でわが子が夢中になっていることに気付けるかもしれません。

集中力を育むかかわり三つのポイント

では、ここからは集中力を育むためのかかわりのポイントを見ていきましょう。
集中力を育むためには、ポイントが三つあります。

❶子どもの集中を邪魔しない
❷「やりたい」が叶う環境を用意する
❸子どもを「観察」して「少し挑戦すればできる」絶妙なラインを探る

一つずつ見ていきます。

❶子どもの集中を邪魔しない

集中力を育むうえで、**最も大切なことは、子どもが集中しているのを邪魔しないこと**です。

つい子どもが何かやっていると、「〇〇やってるの？」「できた？」「それはここだよ」などと子どもに話しかけたくなってしまうものですが、**邪魔をするのは禁物**です。

集中しているところに話しかけると、集中の糸がプチッと切れてしまいます。

子どもが夢中になっているなと思ったら、子どもから話しかけられるまで話しかけないようにしましょう。

ただし、食事の時間や出かける時間が迫っているときには、待てる限り待ち、タイムリミットが来たら、キリのいいところで声をかけて大丈夫です。

年齢が上がってきたら、「あと少しで出かけるから、今からやると途中になっちゃうかもしれないよ」「時計の針が6にきたら、ご飯にしようね」と見通しを持てるように事前に知らせるのもいいでしょう。

❷「やりたい」が叶う環境を用意する

静かにしているなと思って見てみたら、お母さんの鞄から財布を取り出していじって遊んでいた……なんて経験はありませんか？

一見大人からすると「いたずら」だと思える行動も、実は、その静かなときに子どもは「集中」しています。

では、そんなとき、大人はどのようにしてあげると良いのでしょう？

そのような場合に必要なかかわりは、「やりたい」が叶う環境を用意することです。

「いたずら」だと思うのは、大人にとって触られると困るものを子どもが触っているからです。たとえば、お母さんの鞄の中身を出している、机の上に置いてあるものを引っ張って落とすなど……。

そのようなときは、それを「ダメ」とただ取り上げてしまうのではなく、子どもが自由に出し入れしたり、引っ張ったりできるものを子どもの活動スペースに用意し、「これはお母さんのものだから、あなたはこれをどうぞ」と代わりのものを渡してあげるのがおすすめです。

そうすることで、年齢の低い時期から夢中になることを保障してあげることができます。

❸子どもを「観察」して「少し挑戦すればできる」絶妙なラインを探る

また、子どもはあまりに簡単な課題には集中できません。

少し難しいけれど、ちょっと頑張るとできそうな課題に取り組んでいるときに、より集中する姿が見られます。

なぜなら、「あ、これは違う」「じゃあ、こうしてみよう」「あれ？　これもできない」「こっちかな？」「あ、できた！」と**試行錯誤し、何度も試みる過程で集中が起きる**からです。

子どもが集中力を身に付けられるようになるためには、子どもが「今」どんなことに興味を持っているのかな、どんなことが好きなのかなと、**大人が日頃から子どもの姿を「観察」することが肝**になります。

そして、「少し挑戦すればできる」絶妙なラインを探りながら、子どもが興味を持っているものを用意したり、体験できるようにしたりする。

この繰り返しと積み重ねが、子どもの集中力の育ちを助けるのです。

集中力は毎日の積み重ねで獲得するもの

これまでお話ししてきたように、集中力は、一朝一夕で身に付くものではありません。毎日の経験の積み重ねで、徐々に子どもが獲得していく力です。

今、集中力がないからと言って、焦らなくても大丈夫です。

子どもは自分のやりたいことが叶う環境に出会ったときや、自分の興味関心を引くものに触れたときに、必ずと言っていいほど夢中になり、大人の声が聞こえないぐらい集中します。

その一つひとつの姿を大切にしながら、子どもが自ら集中する瞬間をぜひ待ってあげてください。

そして、私たち大人が何かに夢中になったり集中したりする姿を見ることで、子どもは物事に取り組む姿勢を吸収していきます

ある程度年齢が上がってきたら、子どもが何かに取り組んでいる近くで、私たち大

人も、自分の好きなことや、やりたいことに集中し、その時間を共有してみるのがおすすめです。

まとめ

- 集中への道のりは誕生したときから始まっている。
- 大人が実は気付いていない、子どもが生活の中で集中している姿を大切にする。
- 子どもが集中しているときは、話しかけずに見守ることを徹底する。
- 私たち大人が集中する姿を見せることで、子どもは物事に取り組む姿勢を学んでいく。

COLUMN

テレビや動画との付き合い方

テレビや動画の視聴は「区切り」を決めて

子どもがテレビや動画を見ているとき、終わりにしようとすると、「まだ見たい！」「もっと見たい～」と泣いてぐずることはありませんか？

どうすることが子どもにとって良いことなのかと、テレビや動画との付き合い方に迷ったり悩んだりすることがあると思います。

年齢によっては、テレビや動画から学べることもあるため、「動画＝悪」と一概に決めつけるのは少し違うと思うのですが、子どもの発達を考慮したうえで、大人が制限を設けることは必要です。

まず、2歳以下の子どもには、積極的な視聴はさせず、3歳以降も、見るときには区切りを決めて限定的にテレビや動画を見せるようにしましょう。

年齢が低いほど、集中して見ていると言うよりも、動いているものから目が離せなくなっていると言ったほうが正しい状態です。

テレビや動画を見ていると、大人しく集中しているように見えるので、邪魔をせずにその姿を見守ろうと思うかもしれませんが、メディアの視聴に関しては、見守るのではなく、声をかけて場を共有するかかわりがおすすめです。

できる限り子ども一人で見せない

0～6歳の乳幼児期は、子ども自らが環境（ものや人）に触れ、五感をフルに使って感じることが、身体面の発達や情緒面の発達において非常に重要です。

こういう理由からも、できることなら、子どもが受動的に一人でテレビや動画を見る時

間を少なくしたいものです。

とは言え、夕方の忙しい時間に一人でお子さんを見ているお母さん、お父さんにとっては、子どもがテレビや動画を見ていてくれると、その間に家事ができて助かるということもあると思います。

そのようなときは、同じ場所にはいられなくても、子ども一人で見せるのではなく、子どもと一緒に見ながら「○○が出てきたね」と話しかけたり、流れてくる歌を一緒に歌ったり、踊ったりしながら、場を共有できるようにすると良いでしょう。

乳幼児期は、これから生きていくうえで一生使っていく「言語」を獲得する大切な時期でもあります。

言語は、人とコミュニケーションをとる中で、様々な情報をキャッチしながら獲得していくものです。子どもが豊かな語彙を獲得できるようにするためにも、テレビや動画の受動的な視聴はなるべく控えて、親子の会話を増やすように意識するのがおすすめです。

見るとき以外は消す

年齢が上がってからも長時間の視聴が習慣にならないよう、テレビのつけっぱなしは避け、見るときにつける、見終わったら消すというメリハリが必要です。

テレビや動画が常時ついていると、つい注意がそちらに向いてしまい、食事のペースが落ちてなかなか進まない、何かに取り組んでいる最中に気がそれてしまい、集中できないということにも繋がります。

子どもの主体性や思考力、集中力などの発達面においても、メリハリのある付き合い方を心がけましょう。

動画を上手に利用する

ある程度年齢が上がってくると、テレビや動画から学びを得られるようになっていきます。

たとえば、子どもが「なんでこれはこうなっているの?」「どうやってできているの?」などと疑問を持ち、現実に具体物を見せることが難しい場合などは、動画を使ってそのときだけ一緒に見るというのも一つの方法です。

しかし、そのときも大人が説明を加えながら、一緒に視聴することが大切です。

子どもに完全に託してしまったり、調べたいことを調べたあとも子どもが動画を見ていたりすることがないように、線引きをするようにしましょう。

第4章

人との関係や言葉遣いで気になること

嫌なことがあると叩いたり噛んだりする

自分の気持ちを「言葉」で伝えられるように

子どもの中では何が起こっているの？

思い通りにいかないことがあったり、嫌なことがあったりすると、言葉で伝えるのではなく、いきなり人を叩いたり、噛んだりする……。

そんな子どもの姿に不安になる方も多いのではないでしょうか？

入園するときに、お友だちに危害を加えないだろうか、と心配になることもあると思います。

また、家で嫌なことがあると、お母さんやお父さんを叩いたり噛んだりしてきて、痛い思いをしている方もいらっしゃるかもしれません。

子どもは年齢が低ければ低いほど、自分の思いを言葉で表現することが難しく、言葉の代わりに、身体を使って表現しようとします。

相手が言っていることをよく理解できるようになり、語彙もインプットできているのにもかかわらず、スムーズに言葉が出てこない……。

そのもどかしさから、子どもは発言をするときに使う同じ口を使って「噛む」行為をしてしまうこともあります。

子どもは、わけもわからず叩いたり噛んだりしているのではなく、伝えたい思いが思うように表現できないというもどかしさを感じているのです。

言葉で伝える力を身に付けるためのかかわり三つのポイント

たとえ「わざとではない」とは言え、どんな思いがあっても、人やものに危害を与えることは決して良い手段ではありません。もちろん、自分に対しても同じです。

では、そのようなとき、どのようにかかわっていけば良いのでしょうか。

次の三つのポイントを意識してかかわってみましょう。

❶身体を使って制止する
❷わかりやすく線引きを示す
❸気持ちを代弁する

詳しく見ていきましょう。

❶身体を使って制止する

子どもが人を叩いたり、噛んだりしているときは、まずその行動を身体を使って制止しましょう。

「叩いちゃダメ」「噛まないよ」と言葉で制止するだけでなく、叩いている手を持ったり、噛んでいる口を開けたりして身体を使って制止します。

❷わかりやすく線引きを示す

そして、「叩かないよ」「噛まないよ」と言葉で伝えながら、〝してはいけないこと〟として、はっきりと線引きをしましょう。

このとき、**シンプルにはっきりとわかりやすく線引きを示すことがポイント**です。

たとえば、「ダメでしょ！　これは痛いよ。見て、こんな風になっているよ。〇〇くんもされたら嫌でしょ？　ほら、謝って。もう叩いちゃダメだよ！　わかった？　いいね？」と、長々と矢継ぎ早に言われてしまうと、子どもは何を言われているのか、結局大切なことは何だったのかがわからなくなってしまいます。

❸気持ちを代弁する

そして、線引きをはっきりと示したあとは、子どもの気持ちを代弁しましょう。

叩いたり噛んだりすることは決して良い手段ではありませんが、必ず子どもなりの理由があります。「このおもちゃで遊びたかったのよね」「順番抜かされちゃったのが嫌だったのね」などと、子どもなりの理由や気持ちを代弁してあげましょう。

そうすることで、〝わかってもらえた〟という安心感を抱くことに繋がるだけでなく、自分の気持ちを認識することにも繋がります。

状況によっては、どのような理由があって叩いたり、噛んだりしたのか、大人にはわからない場合もありますよね。人と話していたり、上の子や下の子を見ていたりなど、四六時中、子どもの様子を見ていられるわけでもありませんし、見ていても突然起こることもあります。

そのようなときは、「嫌だったのね」と受け止めたあとに、「何が嫌だったか教えてくれる?」と子どもに聞いてみたり、「これを取られちゃって嫌だったの?」などと状況から判断して推測できることを聞いてみたりしましょう。

子どもなりの理由や気持ちを代弁できることに越したことはありませんが、その真相がわからなくても、**〝わかろうとしてくれる大人の姿〟が子どもの心を落ち着かせ、**

自分のことに向き合って理解しようとする大人の姿が、〝自分は真剣に向き合ってもらうに値する存在なんだ〟という感情を子どもに与えていきます。

言葉を使った具体的な表現方法を伝える

子どもが善悪を理解し、自分で考えて行動していくためには、「叩かないよ」と線引きを示し、気持ちを代弁して終わりではなく、この後のかかわりが一番重要です。

それは、**言葉を使った具体的な表現方法を伝えること**。

「こんなときは、『かして』って言おうね」
「そういうときは、『ぬかさないで』って言うのよ」

などと、言葉で具体的に、ゆっくりはっきり伝えます。「こういうときは、貸してって言おうね」と流れで言うのではなく、「こういうときは、『かして』って言おうね」と、子どもが話す部分を強調して伝えてあげるとわかりやすくなります。

言葉で伝えてほしいという思いから、「叩いちゃダメ、言葉で言うのよ！」と子どもに話すことはあっても、意外と具体的な表現方法まで伝えられていないことが多いと思いますので意識してみてください。

様々なシチュエーションで、その都度「こういうときは、こう言おうね」と具体的な表現方法を伝えることで、子どもの中で「自分の気持ち」と「言葉を用いた表現方法」とが結びついていきます。そうして、次第に語彙がインプットされ、少しずつ適切な言葉で表現できるようになっていくのです。

焦りや不安は切り離して

わが子の手が出る姿を見ると、親としては心穏やかでなく、どうして手が出るのかな、何かストレスを感じているのかな、などと色々と考えてしまうと思います。

焦りや心配から感情的に怒ったり、叱ったりしてしまうこともあるかもしれません。

もちろん〝してはいけないこと〟として真剣な表情で伝えることは必要です。

しかし、大人が感情的になって怒ったり叱ったりしてしまうと、「怒られた」という印象が最も強く残ってしまい、本当は一番伝えたいはずの「叩いてはいけないこと」や「具体的な表現方法」が子どもに伝わらなくなってしまいます。

まずは、焦りや心配、イライラは一度切り離して、伝えたいことを冷静に真剣に伝えていくことがおすすめです。

お父さんやお母さんに手が出るときは？

お友だちではなく、お父さんやお母さんに手が出るという場合もあると思います。そのようなときは、痛いのを我慢せず、「痛いよ」「それは、悲しいよ」などと素直に思いを表現して大丈夫です。

そのときに気を付けたいのが、**していけないことをしているときには、笑ってしまいそうな場合でも、笑いを堪えて真剣に伝える**ことです。叩いたり噛んだりしてきたときに「痛いでしょ、もぉ〜!」「やめてよ〜」など笑いながら遊び半分で応えてしまうと、「楽しんでいる」「やっていいことなんだ」と学んでしまい、もう一度、反応見たさに同じような行動をするようになってしまいます。

わが子が誰かに手を出したことを知ると、とても不安で心配になるお気持ちは本当によくわかります。今はまだできなくても、お子さんに線引きをはっきりと示し、気持ちを代弁し、そして最後に「具体的な表現方法」を伝えていくことで、必ずいつかは言葉で伝えられるようになっていきます。安心して大丈夫ですよ。

まとめ

- "してはいけないこと"としてはっきり真剣に線引きをする。
- そのうえで子どもの思いを代弁し、気持ちを受け止める。
- 叩く以外にどうすればいいのかという具体的な表現方法を伝える。

友だちにものを貸してあげられない

貸し借りできない子はダメな子？

乳幼児期は、まだ「貸せなくてもいい」

子どもたちが遊んでいると、ものの取り合いで喧嘩になることがありますよね。

そのようなとき、私たち大人は「貸してあげなさい」「一緒に使ったらいいじゃない」と子どもに促すことが多いと思います。

しかし、乳幼児期（その中でも特に0～3歳）は、「貸すべき」「貸せるようにしなくては」という思考から、「貸せなくてもいい」という思考に、大人がチェンジすることが必要です。

なぜなら、乳幼児期は、「自分＝個」を創るために、自分でやりたいことを選び、自分の興味あるもの、楽しいと思うものを誰にも邪魔されることなく、満足のいくまで繰り返し取り組むことが大切だからです。

せっかく興味を持ってやっていることも、誰かに「貸して」と言われたから途中で中断して、使っている道具やおもちゃを貸さなければいけない状況では、自分が満足のいくまでやり遂げることができません。

このような、やりたいことに注意を向けて夢中になっていた糸が途中で切れてしまう状況が続くと、十分にエネルギーが発揮できず、「いつも不満足」な状態が続いてしまいます。

まず自分が満たされることが大事

たとえば、公園に行き、自分の砂場セットで遊んでいたら、他の子が来て「それ貸して」と言ってきたとします。

その際、私たち大人が「いいじゃない」「貸してあげなさい」と無理強いしてしまうことがあるかもしれませんが、そこは少し慎重にならなければなりません。

大人としては、「このままだと、貸せない子になってしまうのではないかしら」「いじわるな子になってしまいそう」などと心配する思いがあるかもしれません。

しかし、**大切なことは「今」子どもが何を求めているか**、ということです。

先の姿を心配するあまり、「今」満たしてあげるべきものを見落としてしまうこともあります。

「今」目の前で子どもが求めていることは、〝道具を人に貸すことなく、満足するまで自分だけで使いたい〟ということです。

その「今」求めていることが満たされた先に、「人に貸す」という段階がやってきます。

断る力を育むことも必要

「貸して」と言われたら「いいよ」だけが答えなのではなく、断ることがあってもいいのです。

私たち大人は、「調和」を意識するあまり、「みんな仲良く」「みんな同じ」ということを無意識に子どもに強要してしまうことがあります。

しかし、これから先、子どもが自分の力で生きていくうえでは、何でも「いいよ」と許可するだけでなく、ときには断る力も必要です。

コミュニケーションの仕方を伝える大人のかかわり方

では、どのようにかかわるといいのでしょうか?

たとえば、「貸して」「一緒にやろう」と言われたときに、「嫌だな」と思っても、無視したり、「嫌だ!!」と怒ったりしても、円滑なコミュニケーションは図れません。

子どもに「貸したくない」という思いがあるのであれば、その思いを言葉で伝える具体的な言い方を知らせていく必要があります。

子ども同士でトラブルになったときは、

「『今は使っているから待っててね』って言えばいいのよ」

「『終わったら貸すね』って伝えればいいのよ」

などと自分の思いを言葉で伝える具体的な言い方を子どもに知らせるチャンスです。

子どもの年齢が低く、自分で言えない場合は、大人が代わりに言って代弁してあげることも必要です。

あるいは、「あとでね」などと子どもが言えそうな言葉にして、一緒に言ってあげる援助もいいですね。

大人が具体的な伝え方を子どもに示していくことで、子どもがこの先、自分でコミュニケーションをとっていく姿に繋がっていきます。

公共の場ではルールを知らせる

もちろん、「あとで返してくれるから、貸してあげるのはどう?」などと提案するのは、ときに必要なかかわりです。

しかし、子どもが嫌がっていることを無理にさせる必要はありません。

自分のものが取られる不安を抱くことなく、自分だけで十分に遊ぶことができると、子どもは大人に言われなくても自然とお友だちにものを貸せるようになっていきます。

ただし、公園や児童館などで「みんなで使うことが前提」に設置されている滑り台や大型遊具、おもちゃなどをずっと独り占めするのは、また話が違います。

そのようなときは、子どものやりたい気持ちを受け止めつつ、順番に待つことなどの「公共の場でのルール」を伝えていく良い機会です。

たとえば、児童館のおもちゃを独り占めしている場合は、「一つずつにしようね」と**線引きをし**、「他にも使う人がいるのよ」ということを、**繰り返し伝えていきましょう**。

年齢が低い0～2歳頃は、「みんなで使うよ」「順番、待とうね」と伝え、**大人が一緒に待つ**ことが必要です。

「やりたい！」と思ったら身体がすぐに動く時期であるため、子どもにとって目の前にあるのに「できない」という状況は、苦痛でしかありません。

大人は、子どもと手をつないだり、身体に手を添えたり、歌を歌ったりしながら一緒に待ってあげましょう。

周りの目は気にしない

ここまでお読みいただいて、「でも、周りの目が気になって……」という方もいらっしゃるかもしれません。

「このお母さん、しつけができてないと思われたら嫌だな」などと、周りにどう思われるかが、つい気になってしまいますよね。

しかし、その場で私たち大人がどう見られるかよりも、子どもが満足するまで取り組み、「自分＝個」を創ることに夢中になれることのほうが、遥かに重要です。

後ろめたさや恥ずかしさから、「貸せないなら、ここでは遊べないよ」などと〝貸せないのは悪い子〟といったレッテルを貼らないよう気をつけましょう。**乳幼児期は「貸せる」事実よりも、自分を創ること、嫌だと思ったときにどのように自分の思いを伝えていくのかというコミュニケーション能力を身に付けることのほうが大切**です。

子どもは「今」求めていることが十分に満たされることで、その満足感がパワーとなり、次の段階へと自ら進んでいくことができます。

使っているものを「貸して」と言われたときに、「いいよ」だけが答えなのではなく、満足のいくまでやっていいこと、断るときの具体的な答え方を子どもに知らせていきたいですね。

まとめ

- 「貸せる」事実よりも、子どもの思いが満たされて「自分」を創ることが大切。
- その場での具体的な断わり方や答え方を知らせていく。
- 公共の施設やみんなで使うことが前提のものはその都度ルールを知らせていく。

素直に謝ることができない

自ら「謝ろう」という気持ちになるコツ

乳幼児期は心で「感じる」原体験が大切

子ども同士でトラブルがあったとき、わが子がすぐに「ごめんね」と謝ることができない姿を見て、「どうして素直に言えないのかな」「いつになったら言えるようになるのかしら」と悩むことがあるかもしれません。

「謝る」という行為で大切なことは、トラブルが起きたら、ただ定型文のように「ごめんなさい」と言うことや、大人に言わされて、嫌々「ごめんね」と言うことではありません。**子どもが謝る必要性を感じて、申し訳なかったという思いを伝えるために、自ら「ごめんね」という言葉を発するということが大切**です。

まだ「ごめんなさい」と謝ることの意味を知らない子どもに、「謝る」ことを伝えていくとき、「トラブルが起きた＝謝れば済む」ということが伝えたいのではありませんよね。

乳幼児期は、「謝れる」という事実よりも、子どもが心で何を感じ、相手をどう思うのかという原体験こそが大切です。

具体的には、トラブルが起きたときに相手が泣いている姿を見て、「あ、何か悲しませちゃったかな」「お怪我しちゃってる」と、子どもが心で感じる体験のことです。そうした原体験を通して、何がいけなかったのか、何が申し訳なかったのかを考えることや、人の思いを考えることで、「なんとかこのトラブルを解決したい」「良好な関係性を取り戻したい」と、子どもなりに感じることが重要なのです。そして、そのように心で感じる経験が、自ら「謝る」という行動に繋がっていきます。

0〜3歳は欲求のままに行動している

0〜3歳の時期は、特に「自分」を創ることに一生懸命であり、周りで起きている

ことや人の思いに関心を持つことが、まだ難しい時期です。
「今」自分のやりたいこと、「今」自分が使いたいもの、「今」自分が行きたいところなど、常に「今」自分がどうしたいのか、という自分の欲求で動くことが多い発達段階にいます。
たとえば、お友だちのおもちゃを突然取ってしまうことがあっても、本人としては「あの子のおもちゃ取っちゃえ！」と故意に取っているというよりは、「あのおもちゃいいな、使いたいな！」と思ったおもちゃが、たまたまお友だちが持っているものだった、というだけなのです。

私たち大人からすると、「人の持っているものは勝手に取らない」という前提のルールが当たり前のようにあります。

しかし、まだこの世界での〝当たり前〟を獲得している最中の子どもにとっては、棚に置いてあるおもちゃを手に取るのも、お友だちが持っているおもちゃを取るのも大差がないことなのです。

つまり、子どもは、やってはいけないことをしているという自覚は一切なく、欲求のままに行動しているのです。

相手の表情や気持ちに気付くかかわり四つのポイント

しかし、自覚がないからと言って何をやっても良いわけではありません。

たとえば、先ほどの例のように、お友だちが使っているおもちゃを取って泣かせてしまったとしましょう。

そんなとき大人はどのようにかかわれば良いのでしょうか？　ポイントは四つです。

❶お友だちのものであることを知らせる

❷お友だちと遊ぶときのルールを知らせる
❸お友だちの気持ちを言語化する
❹謝り方を知らせる

詳しく見ていきましょう。

❶お友だちのものであることを知らせる

まず、「これは、〇〇ちゃんが使っているものだよ」と、お友だち（相手の子）が使っているものであることを知らせましょう。

❷お友だちと遊ぶときのルールを知らせる

そして、子どもの気持ちに寄り添いながら、「このおもちゃが使いたかったのよね。でもね、お友だちが使っているものは取らないよ」とルールを知らせます。

❸お友だちの気持ちを言語化する

次に、お友だち（相手の子）や、今の状態を感じて考えられるように声をかけます。

「〇〇ちゃん、おもちゃ取られて悲しかったみたい。泣いているね」

ここがポイントです。

相手がどんな表情をしているのか、どんな気持ちなのかなどを子どもが感じ、考えられるように声をかけることで、人の思いを考えたり、謝る必要性を感じたりする今後の姿に繋がっていきます。

❹謝り方を知らせる

そして、「こういうときは『ごめんね』って言うのよ。『ごめんね』して、おもちゃ返そうね」などと、謝り方を知らせましょう。

このときに、なんとなくでも一緒に「ごめんね」と言える年齢（月齢）であれば、「一緒に言おうか」と謝るお手伝いをしてあげます。

まだ発語ができない場合は、大人が代わりに「ごめんね」と言う姿を見せてあげましょう。そうすることで、「こういうときは、『ごめんね』って言うんだ」ということを子どもが吸収していくことができます。

謝るタイミングは子どもに託す

年齢が上がり、言語発達的には「ごめんね」と言うことができても、気持ちが伴わなくて言えないときもあります。

そのようなときも、「もう○歳なんだから、早く謝りなさい！」と、謝ることを強要しなくて大丈夫です。

年齢が上がれば上がるほど、トラブルが複雑になり、一対一のトラブルではなくなってくることもあります。

だからこそ、0～3歳のときよりも、どうしてトラブルになったのか、相手はどんな思いでいるのかなど、さらに「感じる」ことを重視し、子どもが考える時間を持つことが大切になります。

そして、子どもが感じ取ったことを大人が確認したうえで、「ごめんね」と言うタイミングを子どもに託しましょう。

私たち大人も、たとえば夫婦間でトラブルになったとき、「あ、言いすぎちゃったな」「自分にも落ち度があったかも」と感じても、**気持ちが伴わないときは、すぐに謝れない**ことがあると思います。

仮にそのとき、誰かに謝ることを強要されたら、余計に言いたくなくなりますよね。それは、子どもも同じです。

「謝りたいと思ったときに謝ってね」と、謝るタイミングは子どもに託してみましょう。

子どもが本当は謝りたいのに、なかなか謝れないときには、「一緒に言いに行こうか?」などと、ぜひ助け舟を出してあげてください。

少し大人に力を貸してもらうことでできるようになったり、信頼している大人がそばにいてくれるだけで勇気が湧いてくることもあります。

大切なのは、一人ですぐに「謝れる」ことではなく、トラブルを通して何を感じ、何を学ぶかということです。

日常生活の中で大人が謝る姿を見せていく

そして、最後に一番大切なポイントについてお話しします。

もうお気付きかと思いますが、それは、「大人が謝ることを当たり前にする」ということです。

たとえば、子どもと生活していると、故意にではなくても、子どもにぶつかってしまったり、子どもが大切にしているものを壊してしまったりすることが起きますよね。

そのようなときは、子どもの目を見て心を込めて謝りましょう。

子どもは、その大人の姿を吸収していきます。

今は、まだ素直に謝ることができなくても、急ぐ気持ちに少しブレーキをかけて、まずは子どもが心で感じることを大切にしていきましょう。

長い目で見たときに、そのほうが、子どもの思考する力や自分で考えて行動する力に繋がっていきます。

まとめ

- 謝れる事実よりも、心で感じる原体験のほうが大切。
- 謝ることを強要するのではなく、まずは大人がお手本となり一緒に謝ってあげる。
- 大人が日常生活の中で謝ることを当たり前にする。

人見知りで困っている　早く直さないと人付き合いが下手になる？

すぐに打ち解けられる子もいれば、時間がかかる子もいる

恥ずかしがり屋で人見知り。自らなかなか挨拶ができない。人と打ち解けるのに時間がかかる……。

人見知りに限らず、そんなお子さんの姿に「大丈夫かしら」と心配になったり、ウズウズするような気持ちになったりすることがあるかもしれません。

でも、焦らなくても大丈夫です。子どもの姿は刻一刻と変化し、お子さんのペースで成長しています。

子どもの育ちにおいて、無条件に自分のペースや〝らしさ〟を受け入れてもらうかかわりは欠かすことができません。

すぐに人と打ち解けられる子もいれば、人と話すのが恥ずかしい子もいます。誰とでもすぐに打ち解けられて、恥ずかしがらずに積極的にかかわれることが、必ずしも良いこと・良い姿とは限りません。

今は少し恥ずかしいから、自分のペースでゆっくりかかわっていきたいと子どもが願っている場合、人と話すことや、かかわることを強要してしまうと、子どもは苦しい状態になってしまいます。

まずは、子どもが「今」求めていることや願いが叶うことが重要で、その願いが叶うと、次のステージへ進んでいく力に変わっていきます。

困っているのが大人ならば要注意

また、その姿（たとえば、人見知り）に困っているのは誰なのかを見極めることが大切です。人見知りで人と話すことが恥ずかしくて困っているのは子どもなのか、それとも、ウズウズしてどうにかしたいと困っているのは、もしかして大人なのか……。

●子どもが困っている場合はロールプレイングを

子どもが、本当は話したいのに恥ずかしくて話せずに困っている場合は、ぜひ力を貸してあげましょう。

その気持ちを受け止め、〝こういう風に話したらいいのよ〟という具体的な方法を伝えたり、「じゃあお友だちの役になるから、言う練習してみる？」とロールプレイングを通して自信を育んだりするのもおすすめです。

しかし、子どもは全く困っておらず、困っているのが大人だけという場合は、特に慎重にかかわる必要があります。なぜなら、**子どもの姿は常に変化していて、「今」見ている姿は、成長している「過程」に過ぎない**からです。

色眼鏡を外してクリアな目で見る

子どもが日々刻々と変化しているのにもかかわらず、大人が「この子は人見知り」「いつも話すのに時間がかかる」と決めつけてしまうと、無意識のうちに「この子は人見知りだから」という色眼鏡で子どもの姿を見てしまうことに繋がります。

実は、以前は相手の目を一切見ることができなかったのに、今は目を見て話せるようになっているかもしれません。本当は、少しずつ子どものペースで前に進んでいるかもしれないのです。

それなのに、「この子は人見知りだから」という色眼鏡をかけて子どもを見てしまうと、そういった小さな変化が見えなくなってしまいます。

勇気を出して頑張ろうとしているその姿に気付けなくなってしまうのです。

認めるかかわりが子どもを支える

また、大人の期待が大きすぎると、子どもなりには以前より少しずつできるようになっていても、その子どもの姿が大人の思い描く姿に追いつかず、認めるに至らないということも起きてしまいます。

子どもの姿は何事も急に劇的に変化するということはありません。日々の積み重ねでスモールステップで変化していくものです。

子どもの成長を支えるためには、小さな変化に気付き、その姿を認めていく大人のかかわりが必要になります。

以前は一切挨拶できなかった子が、小さな声でも挨拶ができたら、「おはようって言えたね。きっと相手にも届いてるよ」などと、その姿を認めていってあげましょう。「そんな声じゃ聞こえないよ」「もっと大きい声で言って」などとやり直しさせられたり、直接指摘されたりすると、子どもは余計にできなくなってしまいます。**急がば回れで、今できていることを認めていくことが大切**です。

「この子人見知りだから」が本物の人見知りにしてしまう

一つ気を付けたいことがあります。それは、子どもの目の前で「この子人見知りだから」と言わないように配慮するということです。

子どもは人とかかわるときに、なんだか胸がぎゅーっとなる恥ずかしい気持ちは自覚していても、「私は（僕は）人見知りなんだ」とは認識していません。

しかし、自分が何か恥ずかしくてできなかったときに、大人から「この子人見知りなんです」と言われると（大人からするとフォローのつもりでも）、「自分って人見知りなんだ」とレッテル貼りをしてしまうことがあります。

そうすると、どこかで「自分は人見知りだから……」という認識が邪魔をして、消極的になってしまうということも起こりかねません。

みなさんも似たような経験がありませんか？

「あなたって本当におっちょこちょいね」「あなたって、本当にドジだよね」と繰り返し言われていると、大してドジでもないのに「あ〜、私ってドジなんだ」と自分にレッテルを貼ってしまい、自信がなくなってしまうということが……。

今の成長過程の姿に対してレッテルを貼ってしまうと、その時点の姿を固定してしまいかねません。成長を阻むことがないように、大人が意識して配慮していくことが重要です。そして、自信や自尊心を育むうえでも、子どもの前で発する言葉には、とても慎重にならなければなりません。

人見知りは決して悪いことではありません。

「今」子どもはたくさんの情報をインプットしている最中です。自分が「大丈夫」と思えるようになったとき、自ら人とかかわったり、コミュニケーションをとったりするようになります。

大人の期待や願う姿を前面に出してしまうのではなく、子どもの「今」の姿を大切にしながら、焦らず、子どもが自分のペースで進んでいけるようにかかわりましょう。

まとめ

- 子どもが恥ずかしがっている場合は無理強いしなくて大丈夫。
- 色眼鏡をかけずにクリアな目で子どもの姿を見る。
- 少しずつ変化している姿を認める。
- 子どもの前で「この子人見知りだから」と言わないように配慮する。

言葉遣いが乱暴で気になる

正しい言葉遣いを伝える方法

生まれて最初の3年間は言語獲得の重要な時期

言葉というのは、誕生したとき、すでに獲得しているものではなく、誕生後に自ら獲得していくものです。

誕生時にすべての子どもが持っている能力は、〝自分のいる環境に必要な言語を獲得する力〟です。この力を使って、子どもは最初の3年間で一気にたくさんの語彙を獲得し、その後さらに言語を洗練させて自分のものにしていきます。

そのために欠かせないことは、言語のインプットです。たくさん言葉をかけてもらい、意思疎通を図り、対人のコミュニケーションをとりながら、子どもは言葉を獲得していきます。

人は、聞いたことも見たこともない言葉を話せるようになることはありません。インプットがあるから、アウトプットすることができるのです。

0〜6歳にどのような言葉を吸収するかが大切

この**言語を獲得していく0〜6歳の乳幼児期は、特に、どんな言葉をインプットできるかに配慮することが大切**です。

この時期は、子ども自身が、使うべき言葉の基準をまだ獲得していません。

不適切な言葉や人を傷付けるような言葉で溢れた環境にいると、その言葉を当たり前のものだと思い、自分の一部として獲得してしまいます。

そのため、子どもの周りにどんな言葉が溢れているかということに配慮して、環境を整えることも、大人の役割の一つになります。

まずは一番近くにいる大人が、美しい言葉や豊かな表現で話しましょう。それが、子どもの言語発達、情緒面の発達を助け、物事の捉え方や人格形成にも影響を与えていきます。

なんでも「すごい」「やばい」と表現するのではなく、「この色がきれいだね」「今日は、とっても寒いね」など語彙を豊かに使って大人が表現することで、子どもも豊かな語彙を自然と獲得していくことができます。

そして、五感をフルに使って感じ、豊かな語彙で表現することで、感性を育むことにも繋がります。

言葉遣いが気になるときは望ましい表現方法を伝えていく

子どもが触れるメディアや絵本なども、子どもの年齢が低いうちは、大人が選別して環境を整えることが大切です。

しかし、年齢が上がり、友だちと触れ合ったり、好みが出てきたりすると、自分で見るもの、聞くものを選ぶようになり、どうしても様々な表現に触れることが避けられなくなってきます。

そのような場合は、直接的に指摘するのではなく、より良い表現方法を伝えていきましょう。

●直接的に否定しない

たとえば、仮に大人が何か声をかけたとき、子どもが「うるさいな！」と言ったとしましょう。

そのような場面では、大人がより適切な表現方法を伝えていくと良いのですが、「そんなこと言わないの！」「『うるさいな！』じゃないでしょ！」と直接的に否定すると、子どもと大人の争いが始まってしまいます。

「うるさいな！」と言ってきたときは、もしかすると本当に声かけがうるさかったのかもしれません。

「もうわかってるってことね。『うるさいな』だとわからないから、『わかってる』って教えてほしいな」などと、他の表現方法を伝えていくことがおすすめです。

●必要以上に反応しない

また、幼児期は、「うんち」と言うだけで転げるほどに大爆笑が起こる時期です。「もう！　うんちなんて言ってないの～」などと反応すると、自分の発言で大人が反応してくれたと、子どもはうれしくなって、また同じように楽しんで「うんち」を連発するようになります。

子どもが「うんち」と言って喜んでいるときや、大人の反応を楽しんでいるときは、必要以上に反応せず、他の話題を持ち出したり、その場を離れたりしましょう。

●興味を持ったときが学びのチャンス

逆に、その興味に蓋をせず、あえてうんちや身体の話をしたりするのもおすすめです。図鑑や絵本などの視覚教材を使って、うんちの出る仕組みを説明したり、色々な動物のうんちを比べたりするのも、「うんち」に興味津々だからこそ楽しむことができます。

「おちんちん」「おっぱい」などの身体に興味を持っているときは、性教育を始める絶好のチャンスでもあります。視覚教材を使って、男女の身体の違いや機能の違い、どのように赤ちゃんができるのかなどを話す、とてもいい機会になりますよ。

●TPOを知らせる

もちろん、食事中にずっと「うんち」と言っていたり、公共の場で大きな声で言っていたり、「やめて」と言っている人がいるのに子どもが言い続けたりしている場合は、その場の状況に合わせて「聞いていて、うれしい気持ちにならないから、言わないよ」などと、すぐに制限する必要があります。

不適切な言葉を言っているときも同様に、その場で制止する必要があります。

どこで線引きするかは大人の判断になりますが、人が言われて傷付く言葉や言葉の暴力に繋がる発言は、「こういうことは人に対しても、自分に対しても言わないのよ」と、はっきりと線引きしましょう。

子どもに使ってほしくない言葉は大人も使わない

最後にお話ししたいのが、子どもの言語発達を助けるうえでの大前提「子どもに使ってほしくないような言葉を、大人が使わない」ということです。

子どもがぐずって泣いているときや拗《す》ねてメソメソしているときに「もう、うるさい！」と言っていたり、子どもが何か間違えたときや失敗したときに「いい加減にしなさい！」と言っていたり……。身に覚えのある方も、いらっしゃるかもしれません。

そのときは、まだ子どもがそうした言葉を使っていなくても、親から言われるたびに、その言葉を子どもはインプットしていきます。

そして、言葉の使い方を理解するようになり、「うるさい」という言葉を使う絶好のチャンスが来たとき、ここぞとばかりに「うるさい！」とアウトプットするようになってしまいます。

もちろん、親の使う言葉が、子どものインプットする語彙のすべてではありません。

園の先生や友だち、メディアや絵本などからもインプットします。

しかし、子どもが望ましくない言葉を使ったときに、「こういう表現のほうがいいのよ」と伝えようとしても、その大人が日頃から望ましくない言葉を使っていては、全く説得力がなくなってしまい、子どもに届かなくなってしまいます。

子どもに使ってほしくないと感じるのであれば、まずは大人が、自分自身の言葉遣いに気をつけることが何よりも重要です。

まとめ

- 言葉をインプットする乳幼児期は、豊かで美しい言葉が溢れる環境を用意する。
- 子どもの言い方を直接指摘するのではなく、より良い方法を伝えていく。
- 言ってはいけない言葉を使っているときには、すぐに線引きをする。
- 大人がモデルとなっていることを自覚して、使う言葉に気を付ける。

COLUMN

習い事は行かせたほうがいい？

習い事は焦らず、周りに流されず

最近は0歳児からの習い事もあって、周りの家庭が子どもを習い事に通わせていると、「うちの子も通わせたほうがいいのかな」と焦ったり、迷ったりする人もいるでしょう。

しかし、習い事は焦らず、周りに流されず、お子さんのペースと興味に合わせることが大切です。みんなと同じである必要はありません。

この年齢になったら習い事をしなくてはいけないという決まりはなく、一人ひとり興味を持つ対象が違えば、タイミングも違います。

お子さんが今やりたいことを大切にしてあげてください。

大人があれもこれも詰め込んで、子どもが習い事で忙しいという状況にはしないよう気を付けたいですね。

0〜3歳は特に焦らず子どものペースで

0〜3歳の時期は、「自分」を創っている時期なので、周りに合わせたり、自分のやりたいことを我慢して、みんなと一緒に同じことをしたりすることがとても難しい時期です。

まだ身体的にも発達途中で、エネルギーにも限りがあります。一番落ち着く家庭でゆっくりと休む時間が、子どもにとっては必要不可欠です。

たとえば、家庭で親子一緒に掃除をしたり、料理をしたりと、家事を一緒にする経験は、子どもの自立を助けるだけでなく、大好きなお母さんやお父さんと一緒にやることで、子どもの情緒面を満たすことにも繋がります。

そのような時間も確保して大切にしながら、子どもが何かに興味を持ち始めたら、すぐに習い事を始めるのではなく、イベントなどに親子で一緒に参加して経験する機会を持つことがおすすめです。

子どもがやりたいことを大切に

3歳以降になると、第1章でもお話しした通り、「意識的に」物事に取り組むようになってきます。

すると、「私もプールやりたい」「英語が話せるようになりたい」「ダンスが踊れるようになりたい」「ピアノが弾けるようになりたい」と、子どもから興味を持つ姿が見られるようになります。

そのようなときは、習い事に見学に行ってみて、子どもが本当に何をやりたいのかを考えるきっかけを作ってあげるのもいいですね。

そうすることで、子ども自身も自分が興味を持ったことを深く知ったり、やったりすることができるので、満足感や自信に繋がっていきます。

あくまでも、〝大人がやらせたいこと〟ではなく、〝子どもがやりたいこと（興味を持ったこと）〟を大切に、私たち大人はそれを叶えるお手伝いをしていきたいですね。

まとめ・子どもへのかかわりポイント

すぐに子どもの姿は変わらないかもしれませんが、
信じて見守っているうちに、だんだんと変化してくるはずです。

✿ 尊重したかかわり

子どもとかかわるうえでは、子どもを対等に見て、一人の人間として尊重したかかわりをすることが欠かせません。

「どうせ子どもだから」と子どもを下に見るのではなく、リスペクトしたかかわりをすることが、まず第一に必要です。

✿ 子どもの思いを受け止め、共感する

どのような場面においても（危険な場合や自他・ものに危害を加えているときを除いて）、まずは"子どもの思いを受け止め、共感"してあげましょう。

✿ 叱る、怒る、注意する→具体的に伝える

子どもが何かしてはいけないこと、良くないことをした場合は、感情的に怒ったり、叱ったり、威圧的に注意したりするのではなく、「どうすれば良かったのか」「今後どうすれば良いのか」ということを具体的な行動や言葉で、その都度伝えていくことが大切です。

✿ 大人がモデルとなり行動で示す

子どもは毎日「吸収する力」で様々なことを吸収しているため、子どもに身に付けてほしいことを大人が日常生活の中で当たり前にすることが大切です。

✿ 一貫した制限を示す

子どもに「なんでもやっていいよ」「どんなことも好き放題OK」という制限無しの自由を与えるのではなく、「ここまでは良いけれど、ここからはダメ」という一貫した制限を示すことがとても大切です。

✿ 褒める→認める

子どもが良い行動をしたときには、ご褒美を与えたり、褒めちぎったり、おだてたりするのではなく、シンプルに子どものした行動を認めてあげましょう。

第5章

その子の「育ちを助ける」子育てを

「個」育ちに必要な三つの「間」と「余白」

子どもの育ちに必要なもの

第1章でもお話しした通り、0～6歳の乳幼児期は、これからの長い人生を自分の足で歩んでいくことができるように、「自分＝個」を育んでいる時期です。

その育みは、大人が代行してあげることはできず、あくまでも子どもが自分の力で創り上げていくしかありません。

そして、その育ちに必要なのが、「空間」「人間」「時間」の三つの「間」と、「余白」です。一つひとつ詳しく見ていきましょう。

①空間

空間とは、「環境」のことです。適切な環境があることで、子どもは自ら環境に触れて、自身を発達させていくことができます。

これは極端な例ですが、たとえば赤ちゃんが1㎡の何もない部屋で24時間、毎日そこでしか過ごすことができないとしたら、触れるものも動く空間も十分になく、本来なら発達するはずの能力も、十分に発達させることができないでしょう。

子どもの発達においては、それぐらい「環境」の影響が大きいということです。

②人間

二つ目の「間」は、人間です。

どんなに素晴らしく適切な空間（環境）があっても、そこに人間（大人）がいなくては、適切な発達を遂げることは難しくなります。

まだ知らないことが多いこの世界で、自分を守り保護してくれる。自分でできない間は、お世話をしてくれる。自分のことを信じ、愛し、包み込んでくれる。何か不快なことがあって泣いて訴えたら、そばに来て安心させてくれる。そしてモデルとなって、人間として生きていくうえで必要なことを、日々の生活の中でやって見せてくれる。この世界でのルールや秩序などを一貫した線引きで常に示してくれる――。

大人というこの世界での先輩、そして全力で自分を守り、愛し、信じ、支えてくれる存在がいるからこそ、子どもは適切な環境の中で自分の力を発揮することができるのです。

言ってしまえば、人間も環境の一部です。ものが物的環境であるのに対し、人間は人的環境です。

そこにいる人間がどんな立ち居振る舞いをするのか、どんなかかわり方をするのか、どんなまなざしで子どもを見るのかが、子どもの今後の発達に大きく影響していきます。

③時間

三つ目の「間」は、「時間」です。

子どもが何かを自分で成し遂げようとするときには、時間が必要です。

靴下を自分で履けるようになる、お水をコップに注げるようになる……など、どんなことにおいても、すでに自立している大人がやれば一瞬でできてしまいます。

　ところが、「今」まさにできるようになろうとしている子どもは、大人の何倍も何十倍もの時間がかかります。

　そんな子どもの様子を見ると、大人はつい手出し口出しをしたくなりますが、その自分でやる「時間」が保障されているということが乳幼児期にとっては大切です。

「早くしなさい」「あなたがやると時間がかかる！」などと急かされたり、大人に先回りされたりするのではなく、大人に〝待ってもらう〟その時間が、子どもには必要なのです。


乳幼児期の中でも、身辺自立を遂げようとする0〜3歳の3年間は特に、この大人に〝待ってもらう〟「時間」がいっそう必要になります。


　親御さんの中には、共働きで核家族で忙しくて、そんなに待ってなんかあげられない。どうしたらいいの？　と思う方もいらっしゃるかもしれません。

　もちろん、すべての場面で待ってあげることは難しいかもしれません。

　しかし、時間に余裕のある休日などは、お子さんがやるのを意識して待ってあげてみてください。

④余白

子どもの育ちには、「空間」「人間」「時間」の三つの「間」にプラスして、「余白」も必要です。

余白とは、大人の「心の余白」「精神的なゆとり」のことです。

子育ての悩みには、もちろん子どものこと自体もありますが、子育てに関連する周辺の悩みも絡み合っていることがあると思います。具体的には、パートナーが非協力的だったり、自分の時間がなくてストレスを抱えていたり、慢性的寝不足で疲れていたり、祖父祖母との付き合い方に困っていたり、仕事が忙しかったりなどです。

たとえば仮に、親の側に、解消できていない色々なモヤモヤが積み重なっているとき、たまたま子どもが「イヤイヤ」と言って駄々をこねだしたとしましょう。

頭では「受け止めてあげよう」と思っているものの、心に余白がないと、その思いとは裏腹に、「もう、いい加減にしてよ！」と感情のままに怒ってしまうことがあるかもしれません。

怒ってしまったあとで、「余裕があるときなら、子どもの思いを受け止めてあげられたのに」と自己嫌悪に陥る……。

親御さんからいただくご相談の中でも、こうしたお悩みは多いように感じます。

心に「余白」を作る方法を手に入れよう

子育ては、大人の思い通りにいかないことの連続です。

その中で心に「余白」を作るためには、自分で自分の心を癒やす方法を手に入れる必要があります。

まずは、何をしたら自分の心が落ち着いていられるのか見つけてみましょう。

たとえば、思っていることをノートに書き出してアウトプットする、読書をする、人と話す、瞑想をする、トレーニングをする、裁縫をする、ヨガをする、好きなハーブティーを飲む、美味しいものを食べる、お風呂にゆっくり入る、など。

それをすることで自分の心が落ち着く方法を見つけ、「あ、今、自分余裕なくなっているな」と思ったら、その方法を行って自分を癒やすのです。

もちろん、子どものこと以外にモヤモヤとした課題（パートナーが非協力的であったり、慢性的に寝不足であったりなど）があるのであれば、その課題を解決するために行動することも必要です。

このように自分で自分の機嫌をとる方法を手に入れておくと、少しずつ心に「余白」を生むことができます。

苦しくなったら心の充電を

子どもという一つの尊い命が育まれるお手伝いをするためには、壮大なエネルギーが必要です。

私たち大人が心を十分に充電して、

「余白」を持つことができていれば、ポジティブに子どもの育ちをサポートできます。

しかし、自分が満たされていない中で子どもと向き合っていると、ときに苦しくなってしまうことがあります。お子さんの月齢が低いと、ほんの少しの一人時間を作ることすら難しいということもあるかもしれません。

そんなときこそ、自分の心の充電をしましょう。頼れる人、もの、サービスに頼り、自分の身体と心を癒す時間をぜひつくってみてください。

子育てに限らず、自分の人生を豊かなものにするためにも、まずは自分自身のことを大切にしてあげてください。それは必ず子育てを楽しむことにも繋がっていきます。

まとめ

- 子どもが「自分＝個」を創るためには、「空間」「人間」「時間」の三つの「間」と、「余白」が必要。
- 子どもの育ちをサポートできるように、大人が自分を大切にして、自分の心を満たしてあげる。

子どもも大人もみんな同じじゃなくていい

つい自分の子を他の子と比べてしまう…

子どもは悪くないのに、自分の子を他の子と勝手に比べて、焦りから子どもに当たってしまったり、「もっとやりなさい」「しっかりして」と怒ってしまったり……。

「比べるのであれば、他人とではなく、子どもの過去と比べよう」と言い聞かせてはみても、つい他の子と比べてしまう。どうしたら比べないでいられるのだろうか……。

こうした経験をお持ちのお母さん、お父さんも少なくないかもしれません。


このようなときは、**比べることを無理にやめようとしない**ことがポイントです。

私たち大人は、相対的に物事を判断することができます。全体を見て、自分の子がどんな感じなのか、周りと比べてどうなのか、比べたくなくても、勝手に頭が判断してしまいます。その結果、たとえば他の子よりも劣っていると、劣等感などの感情を抱くこともあります。

そのようなときは、**頭の中で比べるのをやめることにフォーカスするのではなく、抱いた感情を反映させないことにフォーカスすることが大切**です。

頭の中で比べてしまうことは、許しましょう。仕方がないのです。

しかし、比べたことで抱いた感情（焦りや不安）を行動に変えて、子どもに怒ったり何かを強要したりすることには、とても慎重にならなければなりません。

大人は、子どものできない姿に対して焦りや不安を感じると、その感情を早く解消したいという衝動から、原因である子どもの姿を変えようとしてしまいます。

しかし、第1章でお話しした通り、子どもには「自ら育つ力」があり、それぞれのペースがあります。一人ひとり得意なこと苦手なこと、らしさ、好みが違います。

「自分らしさやペースが保障されていること」が子どもにとっての幸せなのです。

「みんな違う」ことがスタンダード

繰り返しになりますが、大切なことは「目の前の子どもが何を求めているのか」ということです。

私たち大人は、ときに自分の子を他の子と比べて、できない点を伸ばそうとするあまり、「今」自分の子が求めていることが見えなくなってしまうことがあります。

親がやってほしいと思っていることは、「今」その子にとって、まだ必要のないことかもしれません。あるいは、その子は「今」違うことに夢中になっているかもしれません。

親が子どもの姿を見ないまま、焦って子どもの姿を変えようとしてしまうと、「あなたはあなたでいい」という無条件の子どもへの信頼が、「これができたらあなたを信頼する」という条件付きの信頼に変わってしまいます。

本来、子どもの成長は、ペースが違って当然です。童謡詩人・金子みすゞさんのお言葉をお借りすると、「みんなちがって みんないい」のです。

モンテッソーリ教育では、「みんな違う」ことがスタンダードです。一学年で区切らず縦割り保育を行うので、年齢の違う子どもたちが同じ環境にいて、それぞれが自分の興味のある活動をしています。

一方、日本の一般的な保育や教育のあり方では、学年で区切り、一斉に同じことを同じようにやるよう進めます。そのため、「みんな一緒」「平均」ということがより強調され、相対的に見たときに、はみ出ている部分が目立つため、親としては「もう○歳だから、これはできるようにさせなくては」と焦ってしまいます。

しかし、本当に大切なことは、大人に用意された枠にきれいに収まっていることではありません。**その子のペースやその子らしさが保障され、〝あなたはあなたでいい〟と無条件に愛され、信じてもらい、自分のやりたいことにエネルギーを注いで、「自分＝個」を確実に創り上げることが**、子どもの育ちには大切なのです。

自立・自律への道のりは個人レースです。「みんな一緒」の考え方で、みんなで手を繋ぎ一緒に歩むことはできません。

本当は、みんな違っていいはずなのですが、どこかで「みんなと同じじゃないと」「輪からはみ出ないようにしないと」と大人が不安に感じてしまうと、無意識に子どもを焦らせてしまいます。

どうかご家庭では、「あなたはあなたでいいし、みんな違っていい」という思いでお子さんに接してあげてください。一番近くにいるお母さん、お父さんがそう思って見守ってくれることで、お子さんは安心して自分の道を進むことができるのです。

大人だって「みんな違っていい」

この「みんな同じじゃなくていい」というのは、子どもだけでなく私たち大人にも言えることです。

「完璧な親でいなくては」「みんなやっているから、うちも……」と、周りとの調和を重視するあまり、自分はどうしたいのかがわからなくなったり、無理して周りに合わせようとして疲れてしまったりすることがあると思います。

しかし、お母さんだってそれぞれに違っていいのです。

お父さんだってそれぞれに違っていいのです。

まずは、「自分は自分でいい」と、自分を肯定してあげることで、自ずと子どものことも「あなたはあなたでいい」と肯定してあげることができるかもしれません。

人には一人ひとりに違った良さがあります。それが「その人らしさ」を形作ります。

その「らしさ」を決して恥じることなく、そのまま生かしていいのです。

まとめ

- 比べるのをやめるのではなく、抱いた不安や焦りを子どもに直接ぶつけてしまわないように意識する。
- 大人も子どもも「みんなちがって　みんないい」。

子どもとともに「今」を生きる

気付きどきが始めどき

ここまで読み進めてくださった方の中には、「子どもが6歳になってしまったのだけれど、今からかかわり方を変えても、もう遅いのでは。まだ間に合うかしら？」と不安に感じている方もいらっしゃるかもしれません。

でも、大丈夫です。「もう遅い」なんてことはありません。

気付いたときこそ、始めどきです！　今日が一番、子どもが幼い日なのです！

「今まで子どもを感情的に叱っていた」「つい先回りして、子どもの代わりに朝の準備をしていた」「できないところに目がいって、指摘ばかりしていた」……。

「でも、子どものためには良くない気がする。だから変わりたい！」

そう思ったそのときこそが、変わるチャンスなのです。

何かを変えるには、本人が「変わりたい」と望まない限り変えることができません。

「子どもへのかかわり方に気を付けよう」と思ったなら、今がまさに始めどきです。

意識したいことを書き出したり、パートナーに公言したりして有限実行してみましょう。

あれもこれも一度に変えようとすると続かないので、まずは「手出し口出しをしない」「否定的な言葉は使わない」などと、意識することを一つ決めて実行してみてください。朝に決意を固め、一日意識してみる日を作るというのもいいと思います。

また、日頃、自分がどれだけ手出しや口出しをしているのかを数えて、客観的に見てみるのもおすすめです。

おそらく、予想以上に手出し口出ししていることに驚くと思います。

ここでは「え、私ってこんなに言っているんだ……！」と自分で認識することが大切です。

ぜひ、「こうしていきたい」「こう変えたい」と感じたことがあったら意識して実行してみてください。

活き活きと生きる大人の姿が子どもの未来の希望になる

子どもは、いずれ親のそばを離れ、独り立ちする日がやってきます。

子どもには、親がそばにいるときだけが幸せなのではなく、その後の人生も、自分で自分を幸せにできるようになっていってほしいですよね。

そのためには、これまで話してきたような、大人の子どもへのまなざしや、子どもを尊重し信じるかかわりが大切です。

しかし、それだけでなく、一番近くにいる大人自身が、生きることを楽しみ、毎日活き活きと過ごすことも大切なのです。

大人が毎日の生活を主体的に営んで、様々な出来事を楽しみ、ときに落ち込んだり、うまくいかないこともあるけれど、またそれを乗り越えて活き活きと生きる。

そんな**活き活きとした大人の姿を見て、子どもは、「この世界っていいところなんだ」「大人になるって楽しそう」と、この世界で生きていくことの希望や楽しみを感**

じていくことができます。

　お仕事をされていて、お子さんを小さい頃から保育園に預けているという方もいらっしゃると思いますが、そのことに罪悪感を持つ必要は全くありません。

「ママ、こんなお仕事をしているのよ」と仕事の内容を紹介したり、「お父さん、今日こんな楽しいことがあったんだ」と話したりして、ぜひ活き活きと働く姿、毎日の生活を楽しむ姿をお子さんに見せてあげてください。

　お子さんは、その大人の姿から、この世界への希望を感じ取っていくでしょう。

　どうか自分の気持ちを我慢して、自分を犠牲にしないでください。

あなたは、あなたでいいのですから。

子どもと向き合うときは心を「今」に合わせて

これまでお話ししてきたように、乳幼児期の子どもは「今」を生きています。

少しずつ過去や未来のこともわかるようになっていきますが、基本的には身体がある「今ここ」に心もあります。

そんな子どもに対し、私たち大人は、いつも心の中で、過去のことや「このあと帰ったらあれして、これして〜」と未来のことを考えていて、身体がある「今」に心を持ってくることが、なかなかできません。

子どもと遊んでいても、心はどこか違うところにいっている……。そんなこともあるかと思います。

そのようなときには、ぜひ心を「今」に合わせ、子どもとともに「今」を生きてみてください。

子どもが「見て！　こんな石があったよ！」「ここにお花が咲いている！」と気付いたことを教えてくれたとき、「そうなのね」と聞くだけでなく、「本当だ！」と一緒に見てみる。**ほんの数秒、数分の出来事ですが、そうやって子どもが見ている「今」を大人も一緒に共有してみることで、気付くこと、感じることがあるかもしれません。**

そして、何気なく過ごしている日々の中で、そのような時間を数分でも作ることによって、大人も心が満たされていきます。

まとめ

- 「気付きどきどきが始めどき」。
- 大人が「生きる」ことを楽しむことが、子どもの未来の希望になる。
- 子どもと一緒に大人も「今」に心と身体を合わせてみる。

子どもを全力で信じよう。「認める」ことで子どもは変わる

信じてもらえると力が湧いてくる

みなさんは、目の前のお子さんを信じていますか？

「はい！　信じています」という方もいれば、「いや〜、信じられないです。だって親の言うことをいつも聞かないから……」という方もいらっしゃると思います。

第1章でもお話ししましたが、子どもは一番近くにいる大人に〝あなたはあなたでいい〟と無条件に受け止めてもらい、「あなたなら、大丈夫」「あなたならできる」と信じてかかわってもらうことで、大きな自信と力が湧いてきます。

大人である私たち自身も、何か新しいことをするときや、仕事で何かを任されたと

き、「○○さんなら、大丈夫！　絶対いいものを作ってくれると思っているよ！」などという風に絶大な信頼を寄せてもらっていると、うれしいだけでなく、「あ〜なんだかできる気がする」と自信が湧いてきませんか？

反対に「○○さんがやったら、失敗しそうで心配。本当に大丈夫？」なんて心配されると、自分では大丈夫だと思っていたのに、「え、そんなに心配かな……」と今までに感じていなかった不安を感じるようになるでしょう。子どもも同じなのです。

「あなたなら大丈夫」と子どもを無条件で信じる

たとえば、大人の描く子ども像と、目の前のわが子との姿にギャップがあったり、大人が期待しているレベルまで子どもの成長が達していなかったりすると、子どもへの信頼よりも、不満や焦り、心配のほうが勝ってしまうことがあります。

すると、いつでもどこでもお子さんのことを心配するようになり、「ハッパをかけないと！」「お尻を叩いて促さないと！」という思いが大きくなっていきます。

子どもを信じる心はいつの間にかどこかへ行ってしまい、無意識に「本当にいつもできないんだから……」「大丈夫なの？　心配だわ〜」という言葉を子どもにかけて

しまうようにもなります。

そのような言葉を繰り返し聞いているうちに、自信を失ってしまう子も少なくありません。

立ち止まって考えてみれば当たり前のことなのですが、子どもを不安にさせるような言葉や気持ちを子どもに送るよりも、「あなたのことを信じている」「あなたなら大丈夫」と、無条件で信じることのほうが子どもに力を与えます。

「あなたはあなたでいい」とお子さんをぜひ受け止め、無条件で信じてあげてください。

小さな行動でも、やろうとしたことをまずは認める

子どものできていないことに目を向けると「あれもできていない」「これも不十分」と感じて、もっと「注意しなくては」という焦りが生じてくるかもしれません。
しかし、子どもが少しでもやろうとした、ほんの小さな行動を、たとえそれが褒めるに足りないと感じるような行動でも、ぜひ認めてあげてください。

たとえば片付けをするとき、「このおもちゃ、棚に戻してくれる?」とお願いしたときに、大人の感覚からすると、子どもが戻すタイミングは遅いかもしれません。
それでも、子どものタイミングでおもちゃを戻したその行動を「戻してくれたのね、ありがとう」と認めるかかわりが、「お母さんは見ていてくれている」「お父さんは自分を認めてくれている」という自尊感情や自信に繋がっていきます。

「できていない」部分に目を向けて、減点方式で子どもを評価するのではなく、「できている」部分に目を向けて、ぜひ加点方式で子どもを認めてあげてください。

そのような大人のまなざし、子どもの見方は、子どもが物事にトライするときの力になったり、物事を肯定的に捉えることにも影響したりしていきます。

目の前にいる「その子」を無条件に信じることは、子どもに力を与え、自立への道を大きく後押しするパワーとなります。

今日から、あなたも「信じる子育て」を始めてみてください。

まとめ

- 無条件に受け止めてもらい、「あなたなら、大丈夫」と信じてかかわってもらえることで、大きな自信と力が湧く。
- 子どもの「できていないこと」ではなく、「できていること」に目を向ける。

あとがき――子どもに「今日もありがとう」

子育てをしていると、知らず知らずのうちに、親としての欲や希望が出てきて、子どものできていないことや足りていないことに目が向いてしまうことがあるかと思います。

「もっと色々なことに挑戦してほしい」
「もう少し人の話をちゃんと聞いてほしい」
「もっと集中して取り組んでほしい」……。

しかし、そのような願望や希望を抱くことができるのも、今ここに子どもが生きてくれているからこそです。

そんなことは当たり前すぎて、感謝することもなく終わってしまうことが多いと思いますが、「今日も元気でわが子が笑っていてくれる」こと自体、本当はそれだけでも尊くて、かけがえのない事実なのです。

毎日が当たり前に過ぎていく中で忘れてしまう感情だからこそ、一日の終わりに「今日もありがとう」とお子さんに伝えてあげてください。

自分がここに存在していることを誰かに無条件に感謝され喜んでもらえる経験は、子どもが存在意義を感じ、この世界への希望や他者への信頼を持つことに繋がっていきます。

一つの命が育つのをお手伝いする「子育て」は本当に尊い作業です。

子どもがいて、大きくなり、大人になっていくから、世代は受け継がれ、「未来」だったものが「現在」になる日がやってくるのです。そんな「未来の希望」である子どもの育ちを助けることは容易《たやす》いことではありません。

子どもという存在がいる、そしてその子どもの育ちを助ける大人がいる。それぞれにその営みを一生懸命にしているから、この社会や世界は続いていくのです。

ときに辛いこと、思い通りにいかないこと、イライラすること、悔しいこと、怒りたくなることも起きるでしょう。

それでも、きっとそれと同じくらい、いや、それ以上に、何にも代え難い宝物を得ることができるのも「子育て」なのだと私は思っています。

子育てはやっていて当たり前、できていて当たり前という側面も強く、なかなか人に認めてもらう機会が少ないですよね。

だからこそ、まずは自分自身でたくさん自分を褒めてあげてください。私たち大人も、毎日を全力で頑張っている自分自身のことを、たくさんたくさん認め、「今日もよく頑張った！」と褒めてあげてください。


「子育て」を毎日していらっしゃるみなさん。毎日、本当にお疲れ様です！

この本を読んでくださったみなさまのお子さんとの時間がより充実したものとなり、みなさまの笑顔に繋がりますように。そして、その先にいる、たくさんの子どもの幸せに繋がることを願っています。

私もみなさまと同じ親として、これからも子どもの育ちを助けることができるよう、日々の当たり前に感謝しながら、自分のペースで自分らしくやっていきたいと思います。これからも「信じる」子育てをともに楽しみましょう！

モンテッソーリ教師あきえ

著者　**モンテッソーリ教師あきえ**

幼稚園教諭、保育士、小学校教諭。

モンテッソーリ教師（国際モンテッソーリ協会ディプロマ）。

一児の母。


幼い頃から夢見た保育職に期待が溢れる思いとは裏腹に、現実は「大人主導」の環境で、行事に追われる日々。そのような教育現場に、「もっと一人ひとりを尊重し、『個』を大切にする教育が必要なのではないか」とショックと疑問を感じる。

その後、自身の出産を機に「日本の教育は本当にこのままで良いのか」というさらなる強い疑問を感じ、退職してモンテッソーリ教育を学び、モンテッソーリ教師となる。

現在は「モンテッソーリ教師あきえ」として、Instagram、Voicy、Twitter、YouTubeなどでモンテッソーリ教育を子育てに落とし込んだ情報を配信中。Instagramでは、開始4カ月で1万フォロワーを達成し、現在のフォロワー数は7万人。Voicyではこれまでに130万回以上再生されている「モンテッソーリ子育てラジオ」を放送中。Instagram、Voicyでは、今までに延べ1500件以上の子育て相談に答えてきた。また、子育てセミナーを開催し、モンテッソーリ教育に沿って「子ども」について解説している。


SNS（Instagram、Twitter、Voicy、YouTube）QRコード

本書をご購入くださった読者のみなさまへ

著者であるモンテッソーリ教師あきえより、紙幅の都合上、掲載できなかった内容を無料プレゼントとしてご用意いたしました。

プレゼント内容：特典音声データ
右に掲載のQRコード、あるいは下記URLからダウンロードできます。
http://www.subarusya-linkage.jp/download/care.mp3
※音声はインターネット上のみでの配信になります。音声の配布は予告なく終了することがございます。予めご了承ください。

装幀／井上新八　本文デザイン／吉村朋子　イラスト／菜ノ花子

モンテッソーリ教育が教えてくれた「信じる」子育て

2021年1月24日 第1刷発行
2024年4月1日 第9刷発行

著者　モンテッソーリ教師あきえ
発行者　徳留 慶太郎
発行所　株式会社すばる舎
〒170-0013　東京都豊島区東池袋3-9-7　東池袋織本ビル
TEL　03-3981-8651（代表）　03-3981-0767（営業部直通）
FAX　03-3981-8638
URL　http://www.subarusya.jp/
振替　00140-7-116563
印刷　ベクトル印刷株式会社

落丁・乱丁本はお取り替えいたします

ISBN978-4-7991-0947-2